手ぬいでちくちく、
暮らしの布小物

美濃羽まゆみ
（FU-KO basics.）

家の光協会

はじめに

幼稚園児のころ母が「これで遊び」と手渡してくれた、一枚の布と手縫い針。
隣で針仕事をする母の見よう見まねで運針してみたり、お菓子の缶に集めて
いたボタンやスパンコールを取り出してはつけてみたり。
すると何でもない布がちいさなバッグになり、アクセサリーになり、お人形
のスカートになる。そのことが不思議で、楽しくて、うれしくて、幼い私は
夢中で作り続けました。

大人になって洋裁を仕事にするようになり、手縫いからは遠ざかってしまっ
ていたけれど、縁あって手縫いの布小物教室をひらくことになりました。材
料は、アトリエに眠っていた、思い出深くて捨てられないでいたはぎれたち。

どんな薄い布も厚い布も力強く縫い合わせるミシンは確かに便利なもの。で
も、場所はとるし音は出るし、さまざまな専用の道具も必要です。
ところが手縫いなら電気もいらず音も出ず、身近な道具でさっと作り始めら
れるのが魅力。洋服にはならない小さなはぎれでも、つなぎ合わせれば暮ら
しに役立つ布小物ができ上がるうれしさに、子どものころのように作り続け
る手が止まらなくなりました。

教室では月1回、ひとつの作品を作り上げます。ひとつ、またひとつと作品
を仕上げるたびに生徒さんの表情がやわらかくなっていきます。手で布の感
触をたしかめながら、ひと針ひと針ゆっくりと、心落ち着けて作品を作り上
げていく。手縫いはどこか瞑想に似ているのかもしれません。
そんな手縫い教室で生まれた、作りやすくて暮らしに役立つ布小物のレシピ
を一冊にまとめました。
ぜひ皆さんの手で楽しく作り上げてみてくださいね。

美濃羽まゆみ

目次

＊カッコ（　）内の数字は作り方ページです。

ティーコゼーとコースター

ティーポットを温かく包み込んでくれるティーコゼー。
布の間にキルト芯をはさんでふっくらと仕上げます。ポットに敷いて保温性を高めてくれるコースターは、内側につけたボタンにひっかけて収納することができます。その姿がまるでベルみたいで可愛く、何ともほっこり。パッチワークの組み合わせを考えるのも楽しい。

→ 作り方は p.44

生地提供／古橋織布（バンブーリネンP-2901杢ネイビー、杢グレー／写真上と左、ティーコゼーのそれぞれ左側）

1   2   3

4   5

鍋つかみ

さまざまな色柄のはぎれを組み合わせて作った鍋つかみ。必要なときにすぐ使えるようにひっかけループをつけました。真ん中に入った小さなクロスの刺しゅうがポイントです。しっかりキルト芯をはさんであるのでティーマット（鍋敷き）としても使えます。気の置けない方へのプレゼントにしても喜ばれそう。

→ 作り方は p.46

生地提供／fabric bird（プルミエルリネン 綿麻ダンガリー シャドウブルー／**2**の右上）、生地の森（ラミーリネントップグレー25番手 ベージュグレー／**2**の右下、**4**の右）

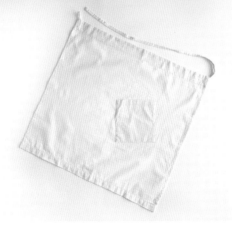

モンクエプロン

料理のときにさっと脱ぎ着ができるようにデザインした、ワンショルダーのエプロンです。締めつけがないので下に着る洋服がシワになりません。肩ひものつけ位置を工夫したので、まっすぐ縫うだけで完成する簡単さもうれしい。肩ひも、ループつけ部分は本返し縫いで頑丈に仕上げましょう。

→ 作り方は p.48

ティッシュボックスケース
（ ポケットティッシュケース ）

ボックスタイプやソフトパックタイプのティッシュを入れて使える
ケース。ループで壁にひっかけておけば置き場所をとらず、すぐに
手に取れて便利です。ティッシュを取り出すとき裏布がちらりと見
えるので、布選びも楽しんでみてくださいね。同じ作り方で寸法を
変え、ポケットティッシュケースも作れます。

→ 作り方は p.50

生地提供／生地の森（リネン60番手ポルカドットプリント アイボリー・ブラック／ポケットティッシュ
ケース）

※写真では7×14cmのスマホを置いています。大きめのスマホやタブレットには、寸法を変えて作ってください。

モバイルスタンド

スマホで映画や音楽を楽しむときに使うモバイルスタンド。出しっぱなしにしておいても可愛いスタンドが欲しくて作りました。てっぺんには小さなぼんてんをあしらってデザインのワンポイントに。代わりにタッセルやリボンをはさんでも〇。わたやペレットのかわりに、細かいはぎれなどを中に詰めてもOKです。

→ 作り方は p.51

生地提供／生地の森（ラミーリネントップグレー25番手 ベージュグレー／左、チャコールグレー／右）

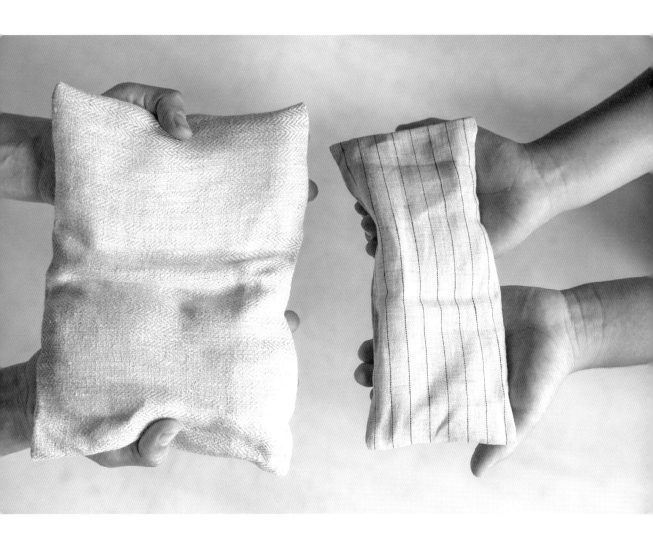

小豆ピロー

温熱で体の芯からほんわりと温まる小豆のカイロ。お好みでハーブを入れても。使い方は500Wの電子レンジで20秒ほど（足りなければさらに10秒ずつ追加して）温めるだけ。豆が割れるまで100回ほどくり返し使えます。腹痛や肩こりにはもちろん、おすすめの使い方は眠る前のアイピローとして。じんわり温熱とハーブの香りをまぶたに感じていると、眠りが早く訪れそう。

→ 作り方は p.52

※小豆の温め過ぎや火傷には十分注意してください。
※熱に強い綿か麻をお使いください。
※豆が割れてしまうため連続使用はせず、10時間以上時間をあけてください。

シューキーパー

夏場、湿気がたまりがちなスニーカーや洗えない革靴。ポンと入れておけば、形を整えつつ湿気やにおいをケアしてくれる重曹入りのシューキーパーです。小さなはぎれで作れ、天日乾燥すればくり返し使えます。お気に入りのハーブやアロマで香りをプラスしても。履き口からちょこんとのぞく姿も可愛い。

→ 作り方は p.53

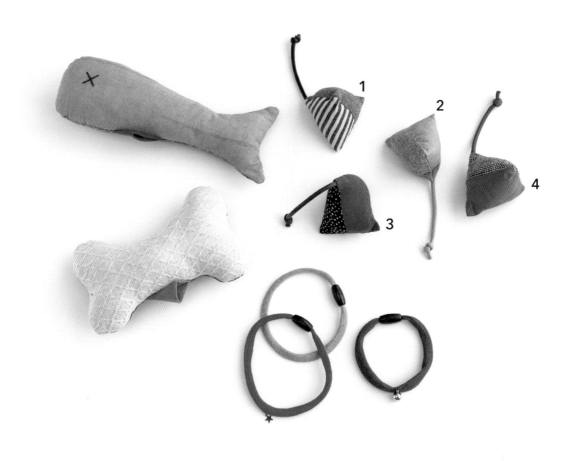

1

2

4

3

ペット用布小物

遊び盛りの子猫や子犬のための音のなるおもちゃや、
噛みぐるみ、首輪を手作りで。激しく遊んでも大丈夫
なように、縫うときは本返し縫いでしっかり、装飾は
最低限にしてあげて。犬猫が認識しやすい色は青や黄
色だそう。好みに合わせて工夫して作ってあげてくだ
さいね。

→ 作り方は p.54

生地提供／ベウラ生地店（pocopoco ／ほね本体）

おにぎりポーチ
水筒カバー

行楽にぜひ連れていきたい、布小物ふたつ。おにぎりポーチはコンビニのおにぎりや100円ショップのおにぎりケース2個ほどが入るサイズ。表面は梅干し、反対側は海苔柄にしました。水筒カバーはペットボトルや小さめの水筒にぴったり。ハーフサイズのワインボトルも収まるので、お持たせのラッピングとしても。

→ 作り方は、おにぎりポーチp.56、水筒カバーp.58

お弁当セット

お弁当の時間を彩るランチョンマット、箸袋、巾着袋の3点セットを、お揃いの布で、かつ手縫いで仕立ててみませんか。ほっと一息つけるランチタイムが、より楽しみになります。お子さんの入園、入学に合わせて作る場合はぜひ一緒に手芸店に足を運んでみて。お気に入りの布で作れば、より思い出深い品になりますよ。

→ 作り方は p.59

生地提供／タケミクロス（天日干しコットン40番手ダウンプルーフ C9106-）、生地の森（リネン60番手ポルカドットプリント ブラック）

ネッククーラー
日よけアームカバー

厳しい夏をすこしでも涼やかに過ごすためのふたつのアイテム。ネッククーラーにはお菓子などについてくる保冷剤を入れ、暑い時期の外出や家事を快適に。アームカバーはお気に入りの色柄の生地を選んで、その日のコーディネイトを楽しんで。

→ 作り方は、ネッククーラー p.72、日よけアームカバー p.49

カードケース
がま口ポーチ

小さなはぎれも無駄にせず使い切れるカードケースと小物入れ。
パッチワークはもちろん、存在感のあるプリント地で作るのも
おすすめ。がま口ポーチはかばんにひとつ忍ばせておけば、飴
ちゃんを入れたり目薬やばんそうこうをしまったりと活躍する
こと請け合い。ちょっとしたプレゼントにもいいですね。

→ 作り方は、カードケース p.62、がま口ポーチ p.63

布地提供／CHECK&STRIPE（力織機で織ったコットン グリーン・ピーチ／がま口ポーチ）

ばね口金のポーチ

片手で開け閉めできるばね口金のポーチは、日ごろ出したりしまったりすることが多い文房具や眼鏡などの収納に最適。かばんの中でばらけがちなイヤホンや薬、包装ごみなどを入れておくのにも便利です。入れたい道具が決まっている場合は、縦にプラス3〜5cmの余裕を持たせて作ると使いやすいと思います。

→ 作り方は p.64

ファスナーポーチ

ミシンだと難しいイメージのファスナーつけですが、手縫いだと意外と作りやすいものです。3種のポーチは、同じ型紙でタックの畳み方を変えるだけで全く違うイメージの作品に。タブも畳み方を変えればポーチにも、ポシェットにも変化。布もパッチワークするなど、裏布との組み合わせを楽しんで。

→ 作り方は p.66

1

2

3

1 パッチワーク　　　　　　　　　　　2 パッチワークなし

しじみバッグ

もともと日本にあった風呂敷が、和装から洋装に変化した時代に袋状になったといわれているしじみバッグ。留め具をつかわず、片側の持ち手に通すことで口が閉じ、見た目もまるで貝の「しじみ」のように見えます。シンプルな形なのでパッチワークにしたり、印象的なプリントを全面に使っても。入れるものに合わせて形をかえ、ふんわり包んでくれる大らかなバッグです。

→ 作り方は p.68

布地提供／生地の森（リネン60番手ポルカドットプリント アイボリー／p.24左）

ドロストショルダーバッグ

フラットな形から巾着型まで、自在に形を変えられるのが魅力なショルダーバッグ。ふだんのお出かけにはもちろん、旅行先で荷物を小分けにするバッグとしても便利なアイテム。きゅっと紐を絞ったときに滑りがいいよう、なめらかで薄手の生地で作るのがおすすめです。色鮮やかな生地で作ればコーディネイトのワンポイントにも。

→ 作り方は p.**70**、ワンピースにつけたブローチの作り方は p.**32**

冬用

春〜秋用

スヌード

生地を変えれば、暑い季節は日よけに、寒い季節は防寒にとたくさん活躍してくれるスヌード。ねじって輪っかにすることで、着けたときに陰影がうまれておしゃれに着こなせます。サイズ違いで作って、家族全員で楽しんでくださいね。

→ 作り方は p.73

生地提供／古橋織布（バンブーリネン P-2901 杢グレー／春〜秋用）

バゲットハット
ベスト

手縫いで作る、帽子とベスト。ハットはパーツごとに違う生地を組み合わせても楽しい。ベストはサイズが大きいので手ごわいように思いますが、実は縫い代の始末が要らないので、意外と手間がかかりません。身に着ける布小物こそ、手縫いのやさしくしなやかな魅力を体感できる気がします。

→ 作り方は、バゲットハット p.**74**、ベスト p.**76**

生地提供／ペウラ生地店 (pocopoco／バゲットハット表布)、タケミクロス (天日干しリネン40番手ツイル TL4242-／ベスト表布)

マーガレットボレロ

夏場の体温調節や紫外線対策に重宝するボレロ。布幅を無駄にせずほぼ直線だけで作れます。袖部分は共布でも、写真のようにあえて切り替えても素敵。透け感のあるリネンガーゼで作るほか、冬場はウールガーゼや厚手のツイルで作ってもまたぐっと雰囲気が変わりますよ。上下どちらに着るかでも変わるので、着こなしの幅が広がります。

→ 作り方は p.78

生地提供／古橋織布（バンブーリネン P-2900 きなり・ブラック／本体、P-2901 杢グレー・杢ネイビー／袖）

31

はぎれブローチ

洋裁をしているとどうしても出てきてしまう、大小のはぎれ。昔の人は「小豆3粒包める布は捨てるな」と子に教えたとか。私はどんな小さなはぎれでも捨てられず、色や柄ごとにまとめてガラス瓶などに保管しています。布耳でさえ捨てずにとっておき、プレゼントのラッピングに使ったり布をまとめたりするのに使っています。

そんな小豆3粒ほどを包めるはぎれでも作ることのできる、可愛いブローチをご紹介します。形は石ころや木の実、動物などからインスピレーションを得て、自由に描いてみましょう。布の組み合わせと形が決まったら、ステッチを足したり足さなかったり。意外な布の組み合わせが楽しくて、ひとつ作るとまたひとつ……と夢中になってしまいます。

シンプルな洋服のワンポイントに、またはバッグや帽子にたくさんちりばめてつけるのも楽しい。ちょっとしたプレゼントにも喜ばれそうですね。

材料

はぎれ
型紙用の厚紙
芯になる厚紙
手芸用わた
布用ボンド
ブローチピン

1

型紙を作る。パッチワークをするなら切り替えたい位置に線を入れる。さらにブローチの芯になる紙に型紙を合わせて線を引く。

2

1を線に沿って切り、もう1枚はそれより0.5cm内側に線を引いてから切る。これがブローチの芯になる。

1cm　　　1cm
0.5cm

3

1の型紙を切り替えたいラインで切って2枚にする。パッチワークのつなぎ目は0.5cm、外周は1cmの縫い代をつけて布を裁つ。

0.5cm
（裏）

4

2枚の布を中表にして半返し縫いをする。縫い代は片側に倒す。

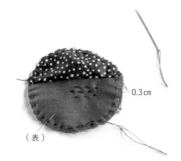

0.3cm
（表）

5

好みで刺しゅうをする（p.34参照）。糸を2本取りにし、布の端から0.3cm内側に一周ぐし縫いをする。

6

5の裏側にわたを適量詰め、2で切った大きい方の紙の芯をのせて糸を引っ張る。わたと紙の芯を包み込み、玉止めをする。

ブローチピン

7

裏側になる布に2で切った小さい方の紙の芯を当て、縫い代を1cmつけて裁つ。裏側のパーツの真ん中より少し上あたりにブローチピンを縫いつける。

8

5、6と同様にぐし縫いをして紙の芯を包み込む（わたは入れない）。

9

縫い目側に布用ボンドを薄くつけ、2つのパーツを合わせる。くっつくまでクリップで留め、出ている糸は目打ちで中に入れる。

ワンポイント
刺しゅう

材料

刺しゅうをしたい布

刺しゅう糸（2本取り）

※広い面積の布なら刺しゅう枠をすると刺しやすいが、枠より小さい場合は布の下に石などを入れると刺しやすい。

昔のお母さんたちはわが子が病気になったり事故にあったりしないように願い、わが子の着物に「背守り」と呼ばれる刺しゅうを施したのだそう。そんな風習にならい、わたしも子どもたちが幼い頃は、外で目いっぱい遊んでいろんな体験ができるようにと願いを込めながら、保育園着に刺しゅうをしたものです。園で名前代わりにあてがわれたモチーフを刺してあげたときも、とても喜んでくれましたっけ。

難しく手のかかる印象の刺しゅうですが、玉止めやなみ縫いなどの簡単な技法だけでできる、こんなワンポイント刺しゅうはどうでしょう。シンプルなハンカチやTシャツにあしらえば、あっという間にオリジナル作品のでき上がり。小さなほころびやシミを隠すのにも一役買ってくれます。

使う糸は刺しゅう糸でも、太番手の手縫い糸を使っても。ウールの入った糸を使うとふっくら素朴な印象になりおすすめです。

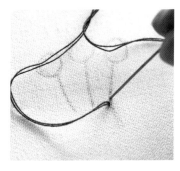

1

小花柄の刺しゅうをする。布にチャコペンで絵を描く。まずは茎の部分を茶色の木綿糸で刺していく。玉結びをし、茎の先から1目刺す。

2

1で刺した縫い目の長さ半分くらいの位置で、糸と糸の間に針を刺す。

3

1、2をくり返して刺し進める。

4

茎の最後の部分まで刺したら、布を裏に返して玉止めをする。ほかも同様に刺して3本の茎を作る。

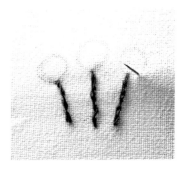

5

花の部分を黄色のウール糸で刺していく。玉結びをして、布の下から針を出す。

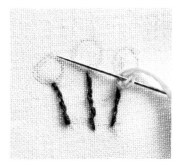

6

針に糸を1〜3回巻きつけ（糸の太さによる）、針を引いて布の上に結び目を作る。

7

6の結び目のすぐ横に針を刺し、6と同様に結び目を作るのをくり返す。

8

こんもりした花の模様ができたら完成。あと2個も同様に刺す。

9

完成。ほかの刺しゅうについても、線を作りたいときは茎と同様に、点を作りたいときは花と同様に刺す。

ちょこっと縫いもの ③

はぎれでお直し

- - - - - - - - - - - - - - - - - - - -

材料
やぶれた洋服
はぎれ

履き過ぎて穴の開いてしまったジーンズ、お気に入りのセーターやカットソーの虫食い。大切な洋服が着られなくなるとがっかりですよね。けれどそれだけで洋服を処分してしまうのはもったいない！ 少しだけ手間と時間をかけてお直しすれば、洋服の寿命が延びるだけでなく、より愛着がわいてくるのです。

今回は洋裁で出てきた小さなはぎれと簡単なステッチで繕ってみましょう。はぎれがない場合は買ったときについてくる共布を使っても。布の切れ端はあえて裁ちっぱなしにして、ラフさを楽しみます。縫い方はなみ縫いだけ、とっても簡単です。縦横交互に縫うことで、刺し子のような素朴な雰囲気がでます。途中で糸の色を変えてもすてき。

ジーンズの膝部分やセーターの袖など筒状になっているところは裏側を縫い込まないよう、中にすべらかな石ころやプラスチック製の下敷きなどをはさんでおくと縫いやすいですよ。

1 お直ししたい布の下に丸くて平たい石やプラスチック板などを入れる。縫いやすいためと、下の布まで縫ってしまうのを防ぐため。

2 はぎれを適当な形とサイズに切り、好みの位置に置き、まち針でとめる。

3 2本取りの糸ではぎれの外側からなみ縫いをする。

4 反対側の端まで縫ったら折り返して同様に縫い、はぎれを洋服に固定する。

5 縦のラインを最後まで縫ったところ。

6 5と同様に、横のラインを縫って完成。縫い目が十字になるようにするときれい。

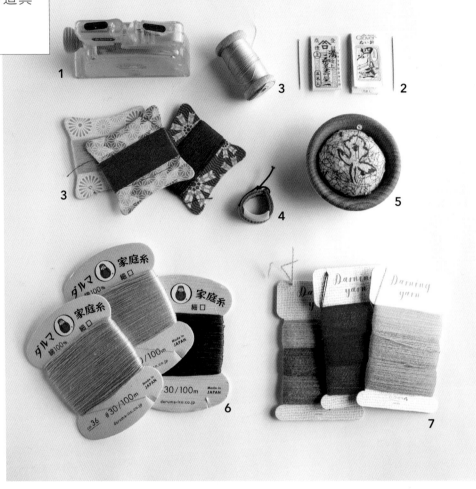

1 糸通し

ワンプッシュで針に糸が通せる卓上型糸通し器があると、とても便利。写真はクロバーのデスクスレダー。

2 縫い針

和針（写真）と洋針（メリケン針）があり、手縫いには和針が向きます。和針の「四ノ三」や「三ノ二」の表記は、最初の数字が細さを表し（数字が大きいほど細い。四が絹布用、三が木綿布用）、最後の数字は長さを表します（数字が大きいほど長い）。大まかに縫うときは長い針、細かく縫うときは短い針がおすすめ。

3 縫い糸 (ポリエステル)

ポリエステル素材の手縫い糸は布通りがよく、強度があります。カード巻きの手縫い糸「シャッペスパン華」と木製ボビン巻きの細めの手縫い糸「Pice（ピセ）」。2種とも手縫い専用の右撚りで、よじれにくくなめらかに縫い上がります。どちらもフジックス。

4 指抜き

手縫いの際、長い距離をスムーズに縫うときにあった方がよいアイテム。いくつかの形や素材がありますが、初めての人が使いやすいのが指輪型。針を持つ側の中指の第一関節と第二関節の間にはめ、何針か縫ったら、針の頭を押して一気に糸を通します。

5 まち針

布同士を固定する道具。縫う方向に対して垂直に刺し、上の布に対して下の布は少しだけすくって留めるとずれにくいです。

6 縫い糸 (コットン)

コットン素材の手縫い糸は、風合いがあってやわらかい糸目が出るのが特徴。写真はダルマ家庭糸＜細口＞で、手縫いにはこちらをよく使っています。

7 ダーニング糸

刺しゅうやダーニングに適したウール製の細い糸。クロバーのダーニング糸は、3色の組み合わせで好みのカラーを選ぶのも楽しいです。この本ではp.34〜37で使用しています。

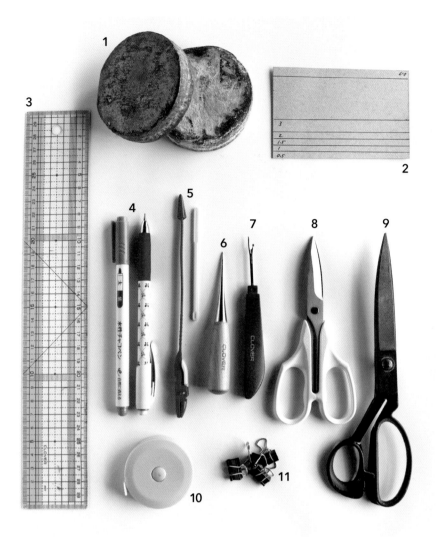

1 重石

布に型紙をおいてカットするとき、布を「わ」にしてカットするとき、2枚の布を一緒に裁つときに、ずれないように固定するために使います。手芸用のものでなくても、重さがあれば OK です。

2 アイロン定規

すそ上げや三つ折りをするときに、折り返したいサイズに合わせ、アイロンをかけます。市販のものもありますが、厚紙を使って手作りしても大丈夫です。

3 定規

平面の採寸や製図を引くときに使います。バイアステープを裁つには、バイアスの斜めのガイドがついている洋裁専用の定規が便利です。

4 チャコペン

布に印をつけるのに使います。インクタイプで時間が経つと消えるもの（左）やシャーペンタイプ（右）など種類はさまざま。お好みで選んでください。

5 ゴム通し・ひも通し

クリップで挟んで固定させるタイプ（左）と穴に通して使うタイプ（右）があります。幅が狭いゴムや細いひもは穴に通すタイプ、ウエストゴムなど幅が広いものは、中でねじれないよう、固定させるタイプがよいでしょう。

6 目打ち

ひっくり返して角を出すときに、先端で布を引っ張り出して角をきれいに整えます。さらに、縫い目をほどくとき、穴を開けたり広げたりするときにも使います。

7 リッパー

目打ちと同様、縫い目をほどくときや、ほどいて糸を切るときに使います。

8 糸切りばさみ

糸を切るほか、布を切るときにも使える兼用タイプ。手にフィットして、切れ味のよいものを選びましょう。

9 裁ちばさみ

布地をカットするときに使います。布以外のものを切ると切れ味が落ちるので、使い分けましょう。

10 メジャー

体や洋服など、立体的なものを採寸するために使います。

11 クリップ

書類用のものですが、あると何かと便利。ゴムやひもを通すとき、通し始めの穴にゴムやひもが入ってしまわないよう固定するほか、まち針のように布などをとめるためにも使います。

針の選び方

わたしのおすすめは「四ノ三」の和針（p.38参照）。針穴が小さいのでスレダー（糸通し）は必須ですが、薄地から普通地まで針通りがよく縫いやすいです。針は目的別にたくさんの種類があるので、慣れてきたら他のものも試してみて、自分に合った針を選びましょう。

糸の選び方

・手縫い糸とミシン糸では撚りがちがいます。ミシン糸でも縫えますが、右利きの方は右撚りになっている手縫い糸のほうがからみにくく運針がしやすいという特徴があります。

・糸はできれば縫う素材と同じがよいとされていますが、普通地なら細口（30番）の木綿糸、薄地には60番のポリエステル糸がおすすめ。色選びは淡い色の布ならより淡い色、濃い色の布ならより濃い色のほうが目立ちにくいです。

・基本的には手縫いは1本取りで縫います。1本取りとは1本だけ玉結びをして、糸1本で縫うこと。2本をまとめて玉結びをし、2本で縫うのは2本取りといいます。ウールなど厚手のものやボタンつけなど強度が必要なとき、ステッチをあえて目立たせたい場合には2本取りにしましょう。

布の選び方

手縫いに向いているのは肌触りがよくて針通りがよい、目の詰まっていない天然素材の生地。コットンならガーゼやブロード、ツイル、ローン、ボイルなど。リネンなら薄手のキャンバス、ツイル、ローン、ハーフリネンなども縫いやすいです。ウールガーゼやネルなどの秋冬生地は縫い目が目立ちにくいです。ミシンだと滑ってしまって縫いづらいシルク生地やサテン地も手縫いならOK。

「水通し」と「地直し」について

買ったばかりの布地は、ゆがみが生じていたり、洗うと縮んでしまったりするので、作る前に水通しという作業をします。たっぷりの水にじゃばらにたたんだ布地を入れ、1時間ほど浸します。軽く脱水し（洗濯機で行うならネットに入れて）、布目を整えてから陰干しに。生乾きになったら布目が直角になるように整えて、アイロンをかけます。

布の裁ち方について

作り方ページには、製図か型紙のいずれかがついています。その通りに作ってみてください。作り方の数字の単位はcm（センチメートル）です。

①製図通りに裁つ…製図とは、布を裁つサイズを詳しく記した図。直線裁ちするものは、布に直接線を引いて裁ってもよいでしょう。

②型紙通りに裁つ…カーブがあるようなものは、型紙の通りに線を引くほうが正確に作れます。型紙の上にハトロン紙（透ける紙で丈夫なもの）をのせ、定規などで丁寧に写してカットします。型紙のページをコピーし、そのまま切り取って使用してもよいでしょう。

裁ち方図について

裁ち方図とは、複数のパーツを裁つ場合に、布地に対して、どのパーツをどこに置いて裁つかを示した図。この通りに裁つと布地のロスが少なくてすみます。布の表裏もチェックしましょう。

縫い代について

本書の作り方は、縫い代込みのサイズで表記しています。縫い代の寸法に合わせて、内側を縫っていきます（これができ上がり線になります）。慣れるまでは、定規とチャコペンで縫い線の印をつけるとよいでしょう。

縫い代の処理について

ミシンで作る場合は端がほつれないようにジグザグミシンをかけますが、手縫いの場合は、以下の方法で縫い代を始末します。

袋縫い
薄手でほつれやすい布の縫い代の始末に使います。布端を完全に隠してしまうので、表も裏もきれいに仕上

がります。表からステッチ（縫い目）は見えません。
縫い方…縫い代は1.5cmにします。布を外表に合わせ、
布端から0.5cm内側を縫います。縫い代を割り、布を
中表に合わせ直し、でき上がり線を縫います。

折り伏せ縫い

薄手でほつれやすい布の縫い代の始末に使います。縫
い代が体に当たらないので肌に優しく、お洗濯にも強
くなります。表に1本ステッチが出ます。
縫い方…縫い代は1.5cmにします。布を中表に合わせ、
でき上がり線を縫います。片方の縫い代を0.5cmにカ
ットし、カットした縫い代をもう一方の縫い代で包み
ます。縫い代をカットした側に倒してアイロンで押さ
え、端を縫いとめます。

割り伏せ縫い

厚地やウール地、タオル地などのほつれやすい布地の
始末に使います。裁ち目が隠れて薄くきれいに仕上が
ります。表には2本ステッチが出ます。
縫い方…縫い代は1.5cmにします。布を中表に合わせ
てでき上がり線を縫い、縫い代を割ります。さらに縫
い代の端を半分に折り込み、アイロンで押さえたら裏
から両端を縫いとめます。→ p.49参照

接着芯のつけ方

布のヨレや型崩れを防止して見た目にハリを持たせた
り、補強したりするためにつけます。接着芯をアイロ
ンで布につけるときは、アイロンは横にすべらさず、
真上から体重をかけてすこしずつ貼るようにします。
小さなパーツはあらかじめ布に接着芯を貼っておいて
から布を裁つとよいでしょう。さまざまな種類がある
ので、布や用途に合わせて選んでください。

本書で使用する縫い方

なみ縫い

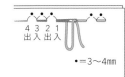

手縫いの基本となる縫い方
で、布の縫い合わせや縫い
とめる際に使う。1目3〜4
mmの大きさで布をすくい、
くり返す。また、なみ縫い
よりも細かく、1目2mm程
度に縫う方法をぐし縫いと
いい、糸を引いてギャザー
を寄せるときなどに使う。

半返し縫い

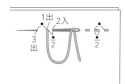

縫い目を丈夫にしたいとこ
ろに使う縫い方。「糸が出
たところから半目戻り、1
目先に出す」をくり返して
縫う。

本返し縫い

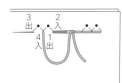

縫い目を丈夫にしたいとこ
ろに使う縫い方。「糸が出
たところから1目戻り、1
目先に出す」をくり返して
縫う。半返し縫いよりもさ
らに強度が増す。

コの字とじ

返し口などをとじる時に使
う。布の折り山をすくって
糸をコの字のように渡す縫
い方。表からは縫い目が見
えない。

まつり縫い

アップリケの縫いつけなど
に使う。「布の折り山付近
に糸を出し、下の布と共に
小さく布をすくう」をくり
返して縫う。

基本の縫い方

手縫いで一番基本の縫い方は「なみ縫い」で、縫い始めと縫い終わりは返し縫いをします。
ここでは玉結び〜なみ縫い〜玉止めまでの一連の流れを紹介します。

玉結びをする

1
針に糸を通したら、糸の端を
針に合わせて親指で押さえる。

2
くるくると2〜3回糸を巻く。

3
親指と人さし指で、巻いた部
分を押さえながら針を抜き、
糸を引く。

4
糸の先に結び目ができたら完
成。玉結びの先は0.5cmほど残
してカットする。

なみ縫いをする

1
縫い始めは1目縫い、同じと
ころを再度1目すくって返し
縫いをする。

2
その後はなみ縫い（p.41参照）
をする。一度に何針か縫うと
効率よく縫える。

3
指抜きで針の頭を押して針を
布に通す。指抜きがなくても
よいが、あると便利。

4
糸を引く。

5
布がよれないように指でしご
く。

6
縫い終わりも1目返し縫いに
する。

玉止めをする

1
縫い終わりに針を当てる。

2
針に糸を2〜3回巻きつける。

3
布と巻いた糸を指で押さえな
がら針を抜き、糸を引く。

4
玉止めの完成。余った糸を切
る。

42

糸が短いときの裏ワザ

1本取りで縫うとき、糸が短くて針から抜けそうな場合、この方法だと固定されるので安心して縫えます。

1
針に糸を通し、糸の先端部分の撚りを逆回転に回してほぐす。

2
糸の間にすき間ができたら、針を通す。

3
針を引き抜くと糸が固定される。

短い糸の結び方

縫い終わりに糸が短くなってしまい、通常の玉止めができないときは、以下のような方法があります。

1本取りの場合

1
縫い終わりのところで輪っかを作る。

2
針の背側から穴に入れる。

3
縫い終わりの位置で結び目を作る（数回くり返す）。

2本取りの場合

糸を切って針を抜き、2本の糸を手で結ぶ（数回くり返す）。

用語について

合印	2枚の布を重ねるときなど、線同士を合わせてずれないように記す線。
キルト芯	ふっくらとした厚みを持たせるために、布の間にはさんで使う中わたのこと。アイロンで接着できるものは、接着キルト芯という。
中表／外表	布の表を内側にして合わせること。中表にして縫い、最後に返すことが多い。対して、布の表側を外にして合わせるのは、外表。
布目線	布の縦横を記す線。製図や型紙に記載され、矢印の方向が布の縦地を記す。
バイアス	織り目に対して斜めに切った布のことをバイアス布という。伸縮性のない生地でも斜めには延びやすい性質があるため、テープ状にして縁取りにしたり、ボタンループにしたりして使う。折り目などをつけて細いひも状にしたものをバイアステープという。
三つ折り／二つ折り	どちらも布端の始末の方法。三つ折りは布端を指定の寸法で2回折り上げること。二つ折りは布端を指定の寸法で1回折ること。
わ	布を折りたたんだときの折り返しの部分のこと。「わ」を表す破線（図）を基準に、左右（上下）対称のパーツにする。

ティーコゼーとコースター　口絵 p.6

[でき上がり寸法] 図参照

[ティーコゼーの材料]
○ 表布A〜D…各17cm幅×20cm
○ 裏布（リネン／厚手）…60cm幅×20cm
○ 接着キルト芯……55cm幅×18cm
○ ワックスコード…太さ0.4cm×11cm
○ ボタン…直径1.5cm×1個

[コースターの材料]（1枚分）
○ リネンヘリンボーン（厚手）…30cm幅×15cm
○ 接着キルト芯……15cm幅×15cm
○ ワックスコード…太さ0.4cm×7cm

※表布A〜Dはバンブーリネン、リネンヘリンボーンなどパーツごとに布地を変えて組み合わせる。

［ティーコゼーの作り方］　※実物大型紙は p.45
※指定以外はなみ縫いで縫う

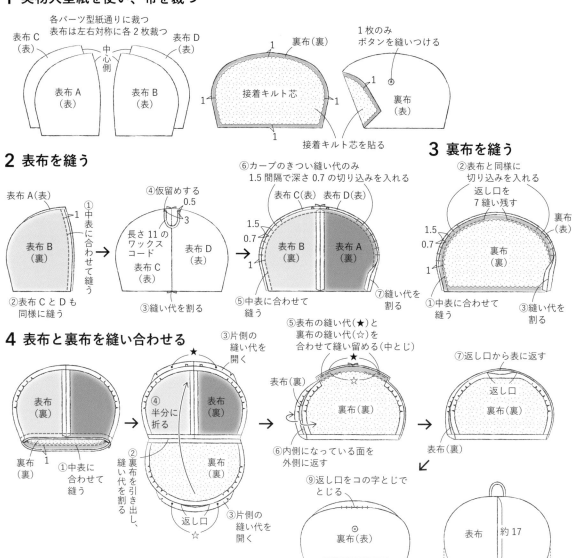

1 実物大型紙を使い、布を裁つ

2 表布を縫う

3 裏布を縫う

4 表布と裏布を縫い合わせる

［ ティーコゼーとコースター 実物大型紙 ］

※型紙は 1 cmの縫い代込み

［ コースターの作り方 ］　※指定以外はなみ縫いで縫う

ティーコゼー
表布（左右対称を各2枚）

ティーコゼー
裏布（2枚）
接着キルト芯（2枚）

コースター
本体（2枚）
接着キルト芯（1枚）

1 実物大型紙を使い、布を裁つ

長さ 7 の
ワックスコードを
二つ折りにして
仮留めする

中心
0.7
本体
（表）

1
本体
（裏）

接着
キルト芯

1 枚のみ貼る

2 本体を縫う

②縫い代に 1.5 間隔で
深さ 0.7 の切り込みを
一周入れる

①
①中表に
合わせて
縫う

0.7
1.5
1

接着
キルト芯

返し口を 3 〜 4
縫い残す

↓

③
表に返す

本体
（表）

13

④返し口を
コの字とじで
とじる

ボタンつけ位置

裏布中心わ

表布中心側

中心わ

コースター
布目線

ティーコゼー
表布・裏布
布目線

接着キルト芯は
1 cm内側で裁つ

裏布の接着キルト芯は
1 cm内側で裁つ

鍋つかみ　口絵 p.8

口絵 p.8

[でき上がり寸法]スクエア形…高さ16×幅11.5cm、小判形…高さ17.5×幅12cm
[材料]**スクエア形・小判形共通／1枚分**
○ 外側布A〜D…各適宜
○ 内側布・ポケット布…30cm幅×25cm
○ 接着キルト芯……15cm幅×20cm
○ ワックスコード…太さ0.4cm×12cm
○ 刺しゅう用手縫い糸（黒、こげ茶、グレーなど）…適宜
※外側布A〜Dはリネンや綿麻地、コットンの無地やドット、ストライプなどパーツごとに布地を変えて組み合わせる。

[作り方]
※実物大型紙は p.47
※作り方はスクエア・小判形共通。作り方ではスクエア形 -1 で解説
※指定以外はなみ縫いで縫う

1 実物大型紙を使い、各パーツを裁つ

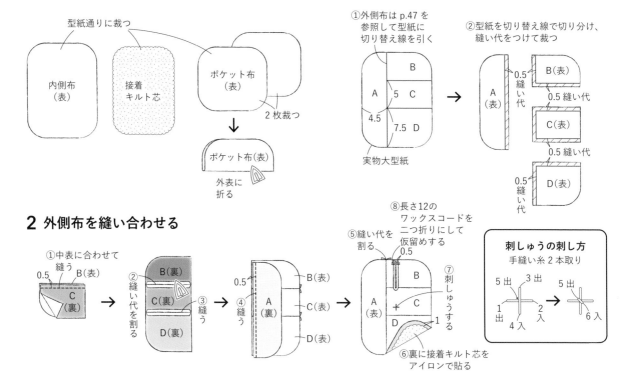

2 外側布を縫い合わせる

刺しゅうの刺し方
手縫い糸 2 本取り

3 ポケット布と内側布を重ねて縫う

4 表に返して仕上げる

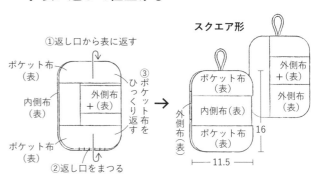

スクエア形

［鍋つかみ　実物大型紙］

※型紙は1cmの縫い代込み
※外側布は型紙に切り替え線を引いて切り分けて裁つ

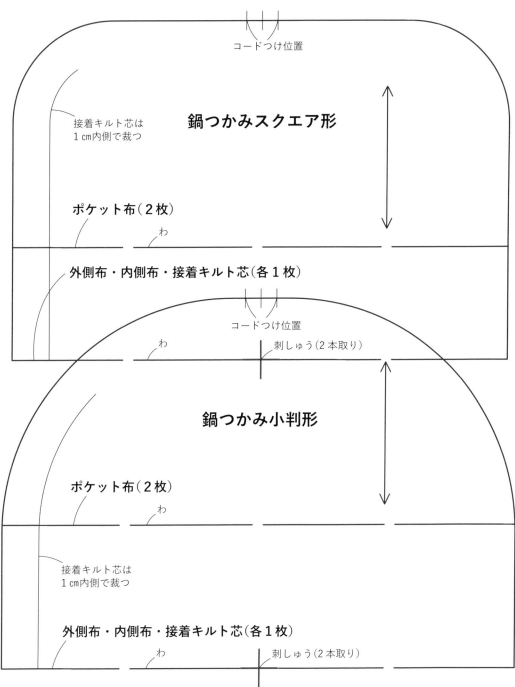

コードつけ位置

接着キルト芯は
1cm内側で裁つ

鍋つかみスクエア形

ポケット布（2枚）

わ

外側布・内側布・接着キルト芯（各1枚）

コードつけ位置

わ　　刺しゅう（2本取り）

鍋つかみ小判形

ポケット布（2枚）

わ

接着キルト芯は
1cm内側で裁つ

外側布・内側布・接着キルト芯（各1枚）

わ　　刺しゅう（2本取り）

［鍋つかみ　切り替え線］

外側布は実物大型紙に右寸法で
切り替え線を引き、A〜Dに切り
分ける

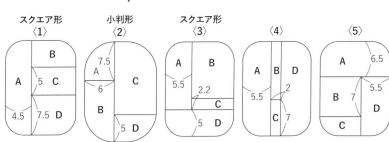

モンクエプロン　口絵 p.10

[でき上がり寸法] 丈69×幅68cm（肩ひも、ループは除く）
[材料]
○ ハーフリネンダンガリー…100cm幅×85cm

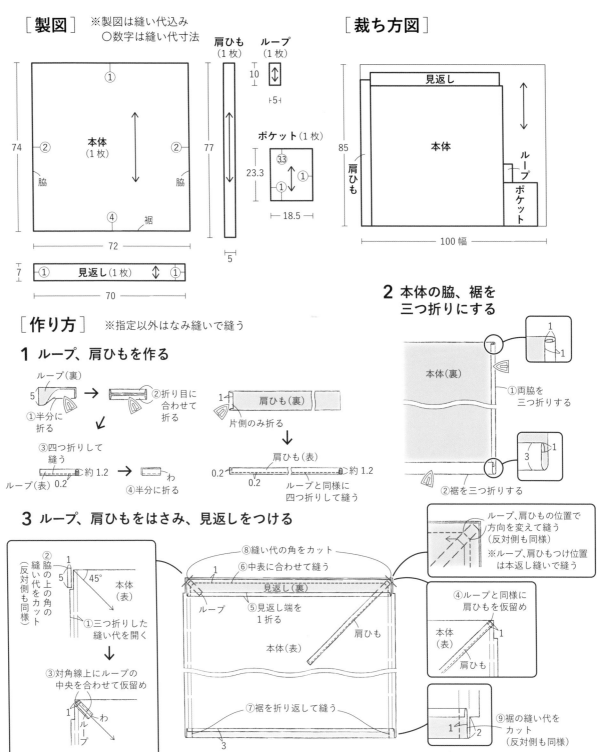

日よけアームカバー　口絵 p.18

[でき上がり寸法] 丈48cm
[材料]
○ コットン…80cm幅×55cm
○ ゴムテープ…1cm幅×適宜

[製図]　※製図は縫い代込み
　　　　　○数字は縫い代寸法

[作り方]　※指定以外はなみ縫いで縫う

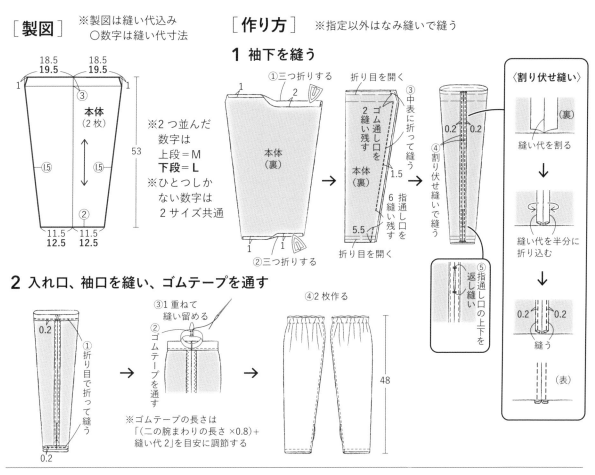

1 袖下を縫う

製図

18.5 / **19.5**　18.5 / **19.5**
1　③　1

本体
（2枚）

※2つ並んだ
数字は
上段＝M
下段＝L
※ひとつしか
ない数字は
2サイズ共通

①.5　①.5
53

②

11.5 / **12.5**　11.5 / **12.5**

2 入れ口、袖口を縫い、ゴムテープを通す

①折り目で折って縫う
0.2

①重ねて縫い留める
②ゴムテープを通す

④2枚作る

48

※ゴムテープの長さは
「（二の腕まわりの長さ×0.8）＋
縫い代2」を目安に調節する

モンクエプロンの続き

4 見返し端、脇、裾を縫う

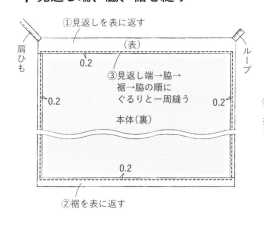

①見返しを表に返す
肩ひも
ループ
（表）
0.2
③見返し端→脇→
裾→脇の順に
ぐるりと一周縫う
0.2　0.2
本体（裏）
0.2
②裾を表に返す

5 ポケットを作り、つける

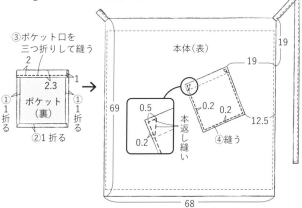

③ポケット口を
三つ折りして縫う
2
①1折る
ポケット
（裏）
2.3
1
①1折る
②1折る

本体（表）
19
19
0.5
0.2　0.2
69
本返し縫い
0.2
12.5
④縫う
68

ティッシュボックスケース（ポケットティッシュケース）　口絵 p.**11**

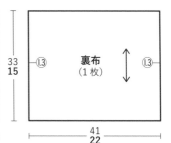

[でき上がり寸法] 図参照
[ティッシュボックスケースの材料]
○ 表布A・B（リネン）…各22cm幅×33cm
○ 裏布（リネン）…41cm幅×33cm
○ ワックスコード…太さ0.4cm×15cm
[ポケットティッシュケースの材料]
○ 表布A・B（リネン60番手ポルカドットプリント）
　　…各12.5cm幅×15cm
○ 裏布（リネン）…22cm幅×15cm

[製図] ※製図は縫い代込み。○数字は縫い代寸法
　　　　指定以外はすべて1cm

※2つ並んだ数字は
上段＝ティッシュボックス
下段＝ポケットティッシュ

表布A・B
（各1枚）
33
15
22
12.5

裏布
（1枚）
⑬
33
15
⑬
41
22

[作り方]
※作り方はティッシュボックス、
　ポケットティッシュ用共通。
　イラストはティッシュボックスで解説
※指定以外はなみ縫いで縫う

1 表布を縫い合わせる

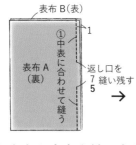

表布B（表）
① 中表に合わせて縫う
表布A（裏）
1
返し口を7縫い残す
5

表布A（裏）
表布B（裏）
② 縫い代を割る

③ 長さ15のワックスコードを二つ折りして仮留めする（ティッシュボックスのみ）
0.5
表布B（表）
表布A（表）

2 表布と裏布を縫い合わせる

裏布（表）
① 中表に合わせて0.3出せる
表布A（裏）
表布B（裏）
① 0.3出す
1.3　　1.3
② 裏布の布端から1.3幅で縫う
（表布の布幅から1の位置）

表布A（裏）　表布B（裏）
約 39 / 20
裏布（表）
③ 表に返し入れ口にアイロンをかける
裏布が控えられる

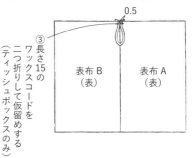

ティッシュボックス
表側
表布A（表）　表布B（表）
31
17

ポケットティッシュ
表側
表布B（表）
13
表布A（表）
9
裏側

3 折りたたんで上下端を縫う

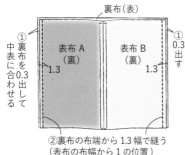

中央
8.5　8.5
4.5　4.5
表布B（表）　★　☆　☆　★　表布A（表）
Ⓑ　　　　　　　　　　Ⓐ
裏布（裏）
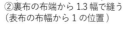
① 裏に返し、**2-3**の折り目で折り返す

② 上端の入れ口を®→Ⓐの順に内側に折りたたむ
表布B（表）
8.5　8.5
4.5　4.5
★　☆　☆　★　表布A（表）
裏布（裏）
③ 下端の入れ口はⒶ→Ⓑの順に内側に折りたたむ
※上端と下端で表布AとBの重ね方を逆にする

★　Ⓐ　Ⓑ　1
☆　　　　☆
④ 縫う
裏布（裏）
⑤ 返し口から表に返す
★　☆
1
Ⓐ　Ⓑ

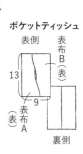

裏側
表布B（表）　表布A（表）
⑥ 返し口をコの字とじでとじる

モバイルスタンド　口絵 p.**12**

[でき上がり寸法] 図参照
[材料]（1点分）
○ 本体（ラミーリネントップグレー25番手）…28cm幅×15cm
○ 足布（リネン、コットンなど）…15cm幅×10cm
○ ぼんてん…直径2cm×1個
○ 手芸用わた…適宜
○ 手芸用ペレット…適宜

[製図]　※製図は縫い代込み
縫い代寸法はすべて 1cm

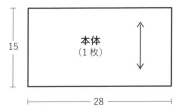
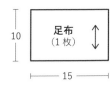

本体（1枚） 28 / 15
足布（1枚） 15 / 10

[作り方]　※指定以外はなみ縫いで縫う

1 足部分を作る

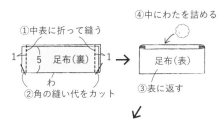

①中表に折って縫う
5 足布（裏）
わ
②角の縫い代をカット
④中にわたを詰める
足布（表）
③表に返す

0.7
⑤仮留めする
（表）

2 本体を縫う

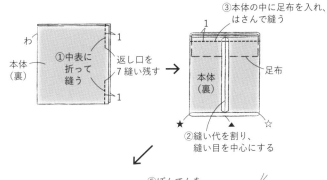

わ
本体（裏）
①中表に折って縫う
返し口を7縫い残す

③本体の中に足布を入れ、はさんで縫う
本体（裏）
足布
★ ▲ ☆
②縫い代を割り、縫い目を中心にする

長さ20の手縫い糸1本
④ぼんてんの中心に糸を渡して結び、糸をつける
ぼんてん
ぎゅっと糸を引いてしっかり結ぶ

⑤ぼんてんを中に入れ、糸を端にはさむ
▲ ☆ ★
本体（裏）
⑥本体を図のように合わせ直して縫う

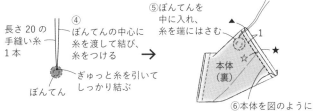

本体（裏）
⑦ぼんてんの糸を針に通し、糸をしっかり引いて根元の布に返し縫いで縫いとめる

3 わた、ペレットを詰める

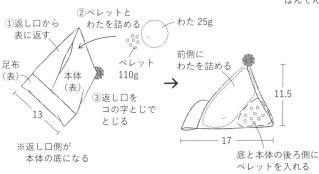

①返し口から表に返す
②ペレットとわたを詰める
足布（表）
本体（表）
③返し口をコの字とじでとじる
13
※返し口側が本体の底になる

わた 25g
ペレット 110g

前側にわたを詰める
11.5
17
底と本体の後ろ側にペレットを入れる

小豆ピロー　口絵 p.**13**

[でき上がり寸法] 図参照

[小の材料]
○ 本体（ダブルガーゼなど）…20㎝幅×16㎝
○ カバー（リネンストライプ）…42㎝幅×11㎝
○ 小豆…100〜120g
○ ドライハーブ…適宜
○ ステッチ用手縫い糸（赤）

[大の材料]
○ 本体（ダブルガーゼなど）…22㎝幅×30㎝
○ カバー（リネンヘリンボーン）…51㎝幅×18㎝
○ 小豆…400〜500g
○ ドライハーブ…適宜
○ ステッチ用手縫い糸（グレー）…適宜

※布は熱に強い綿か麻を使用する。
※ドライハーブはローリエ、ラベンダー、ヨモギ、ローズマリーなどを好みで調合する。小豆の代わりに玄米＋粗塩で作っても可。

[**製図**] ※製図は縫い代込み。
縫い代寸法はすべて1㎝

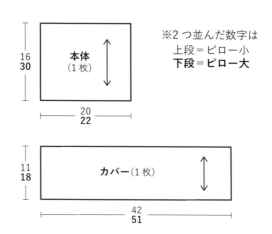

本体（1枚）　16／30　20／22

※2つ並んだ数字は
上段＝ピロー小
下段＝ピロー大

カバー（1枚）　11／18　42／51

[**作り方**] ※作り方は大小共通。イラストは小で解説
※指定以外はなみ縫いで縫う

1 本体を作る

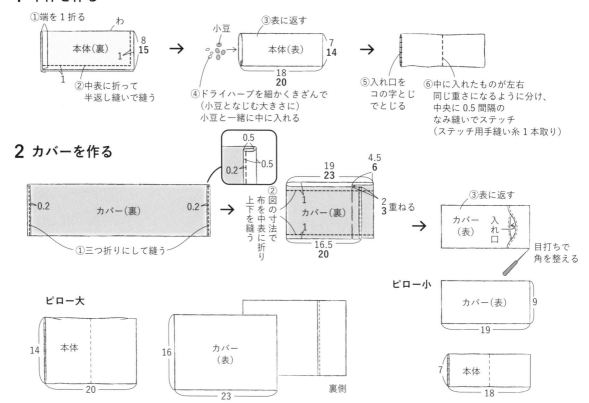

①端を1折る　わ　本体（裏）　8／15　1　1
②中表に折って半返し縫いで縫う
小豆
③表に返す　本体（表）　7／14　18／20
④ドライハーブを細かくきざんで（小豆となじむ大きさに）小豆と一緒に中に入れる
⑤入れ口をコの字とじでとじる
⑥中に入れたものが左右同じ重さになるように分け、中央に0.5間隔のなみ縫いでステッチ（ステッチ用手縫い糸1本取り）

2 カバーを作る

0.5　0.5　0.2
0.2　カバー（裏）　0.2
①三つ折りにして縫う
②図の寸法で布を中表に折り上下を縫う
19／23　4.5／6
1　カバー（裏）　2／3重ねる
1　16.5／20
③表に返す　カバー（表）　入れ口
目打ちで角を整える

ピロー大
14　本体　20
16　カバー（表）　23　裏側

ピロー小
カバー（表）　9　19
7　本体　18

52

シューキーパー　口絵 p.14

[でき上がり寸法] 丈12.5×幅7.5cm

[材料]（1セット分）
- 表布（薄手コットン、リネンなど）…50cm幅×17cm
- 裏布（綿ブロード、薄手リネンなど）…50cm幅×16cm
- リボン…1cm幅×60cm
- 重曹…240g
- ドライハーブ（ラベンダーなど）…5〜8g

[作り方]　※実物大型紙は p.55
　　　　　　※指定以外は半返し縫いで縫う（重曹が出てこないよう細かい針目で縫う）

1 表布と裏布の入れ口を縫い合わせ、袋に仕立てる

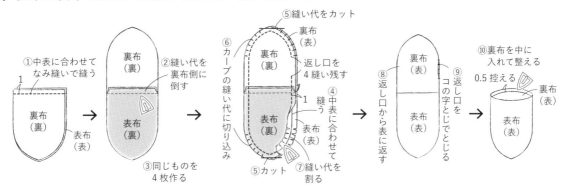

①中表に合わせてなみ縫いで縫う
②縫い代を裏布側に倒す
③同じものを4枚作る
④中表に合わせて縫う
⑤縫い代をカット
⑤カット
⑥カーブの縫い代に切り込み
⑥返し口を4縫い残す
⑦縫い代を割る
⑧返し口から表に返す
⑨返し口をコの字とじでとじる
⑩裏布を中に入れて整える
0.5控える

裏布（裏）／表布（表）／表布（裏）／裏布（表）／表布（表）／裏布（表）／表布（表）

2 糸ループを作り、リボンを通して仕上げる

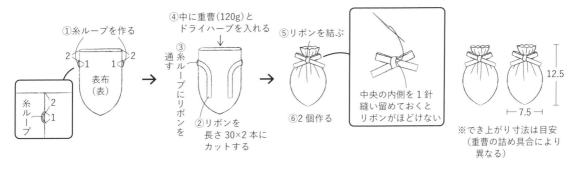

①糸ループを作る
②リボンを長さ30×2本にカットする
③糸ループにリボンを通す
④中に重曹（120g）とドライハーブを入れる
⑤リボンを結ぶ
⑥2個作る
中央の内側を1針縫い留めておくとリボンがほどけない

12.5／7.5

※でき上がり寸法は目安（重曹の詰め具合により異なる）

表布（表）／糸ループ

[糸ループの作り方]

鎖編みで作る方法です。
かぎ針を使って鎖を編んでもよいでしょう。

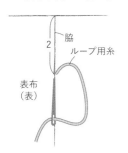

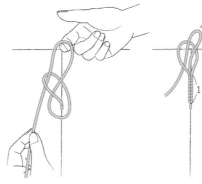
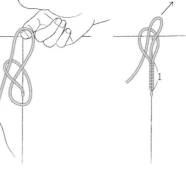

脇／ループ用糸／表布（表）

①裏からループ位置に糸を出し、布をひと針すくう。

②糸のループを作り、ループの間から糸を引き出す。

③糸を引き出したところ。これを何度もくり返す。

④鎖編みが必要な長さまで編めたら糸を引き出してとめる。

⑤引き出した糸に針を通し、脇の布を数回すくって縫いとめる。

ペット用布小物　口絵 p.15

[でき上がり寸法] 図参照
[噛みぐるみの材料]
○ 本体（綿麻地、リネンなど2種）…
　　おさかな／各25cm幅×13cm
　　ほね／各21cm幅×15cm
○ タブ布（綿ブロード、薄手リネンなど）…7cm幅×7cm
○ 刺しゅう用手縫い糸（おさかなのみ／茶）…適宜
○ 手芸用わた…適宜
○ プラ鈴、鳴き笛など…お好みで用意
※本体とタブ布はパーツごとに
　布地を変えて組み合わせる。

[猫まきびしの材料]（1個分）
○ 本体A・B（コットン、リネンなど2種）…
　　1～3／各8cm幅×8cm、4／各5cm幅×14cm
○ ワックスコード…太さ0.4cm×12cm
○ 手芸用わた…適宜
○ プラ鈴…1個
[首輪の材料]（1個分）
○ 布（コットン、リネンなど）…適宜
○ 安全バックル…1組
※飾りをつける場合
○ チャーム（鈴、星など）…1個
○ 丸カン…直径0.4cm×1個

[猫まきびしの作り方]
※本体A・Bは縫い代込み。縫い代寸法はすべて1cm
※指定以外は本返し縫いで縫う

1 本体を縫う　　　　　　　　　　　　　　**2 表に返し、わたを詰める**

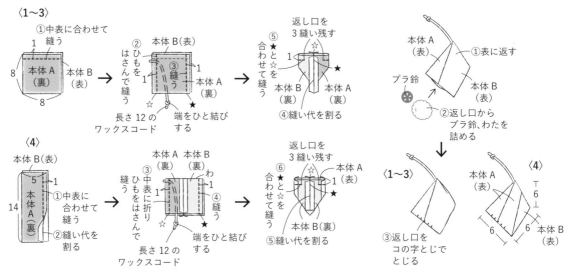

[首輪の裁ち方図]　[作り方] ※指定以外はなみ縫いで縫う

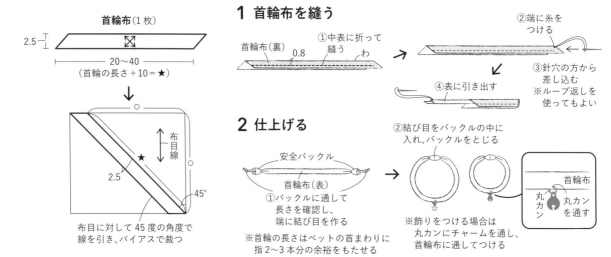

[噛みぐるみ 実物大型紙]

※型紙は1cmの縫い代込み

[噛みぐるみの作り方]

※指定以外はなみ縫いで縫う

1 タブ布を折りたたむ

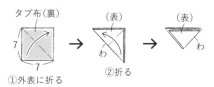

タブ布（裏）

7

7

①外表に折る

（表）

わ

②折る

（表）

わ

2 タブ布を仮留めする

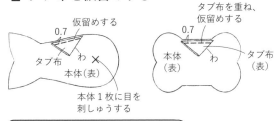

本体の中央に
タブ布を重ね、
仮留めする

0.7

仮留めする

0.7

タブ布 わ ×

本体（表）

本体
（表）

わ

タブ布
（表）

本体1枚に目を
刺しゅうする

刺しゅうの刺し方

手縫い糸4本取り

1出　　3出

4入　　2入

3 本体を縫う

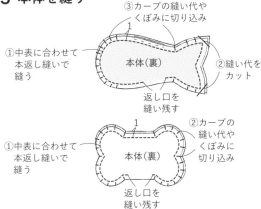

③カーブの縫い代や
くぼみに切り込み

1

①中表に合わせて
本返し縫いで
縫う

本体（裏）

②縫い代を
カット

返し口を
縫い残す

1

①中表に合わせて
本返し縫いで
縫う

本体（裏）

②カーブの
縫い代や
くぼみに
切り込み

返し口を
縫い残す

4 表に返し、わたを詰める

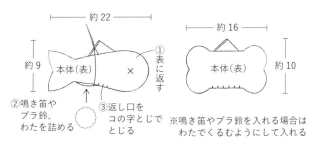

約22

約9

本体（表）

×

②鳴き笛や
プラ鈴、
わたを詰める

①表に
返す

③返し口を
コの字とじで
とじる

約16

本体（表）

約10

※鳴き笛やプラ鈴を入れる場合は
わたでくるむようにして入れる

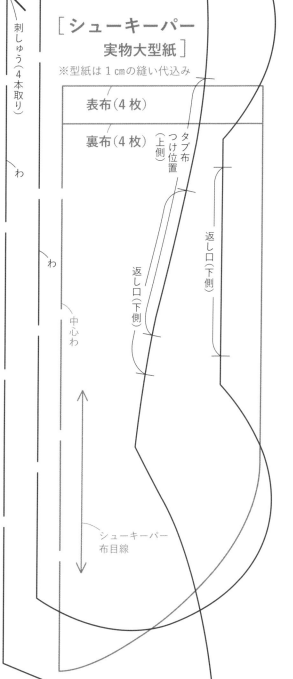

おさかな
本体（左右対称2枚）

ほね
本体（2枚）

おさかな・ほね
布目線

[シューキーパー
実物大型紙]

※型紙は1cmの縫い代込み

表布（4枚）

裏布（4枚）

刺しゅう（4本取り）

わ

中心わ

わ

タブ布つけ位置（上側）

返し口（下側）

返し口（下側）

返し口（下側）

シューキーパー
布目線

おにぎりポーチ 　口絵 p.**16**

[**でき上がり寸法**] 高さ12×幅15.5cm×まち12cm
[**材料**]
- ○ 外本体（リネン）…30cm幅×40cm
- ○ 内本体（綿麻シーチング タテジワワッシャー 格子）…30cm幅×40cm
- ○ 持ち手（綿麻シーチング タテジワワッシャー 細ストライプ）…30cm幅×25cm
- ○ 海苔布（コットン）…6cm幅×13cm
- ○ 梅干し布（リネン）…6cm幅×6cm
- ○ スナップボタン…直径1cm×1組

[**製図**]　※製図は縫い代込み
　　　　　　○数字は縫い代寸法

※持ち手と梅干し布の実物大型紙は p.57
　型紙通りに裁つ

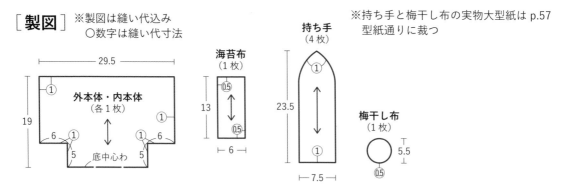

外本体・内本体（各1枚）　29.5　19　6　1　5　底中心わ　5
海苔布（1枚）　0.5　13　0.5　6
持ち手（4枚）　1　23.5　1　7.5
梅干し布（1枚）　5.5　0.5

[**作り方**]　※指定以外はなみ縫いで縫う

1 アップリケをする

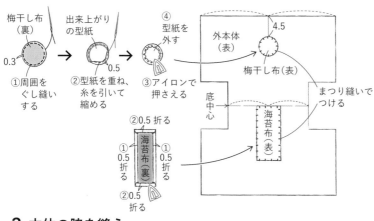

梅干し布（裏）　0.3　①周囲をぐし縫いする
出来上がりの型紙　0.5　②型紙を重ね、糸を引いて縮める
④型紙を外す　③アイロンで押さえる
外本体（表）　4.5　梅干し布（表）
底中心　海苔布（表）
まつり縫いでつける
②0.5折る　①0.5折る　海苔布（裏）　②0.5折る

2 持ち手を作る

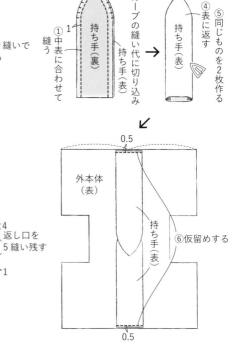

②縫い代をカット
③カーブの縫い代に切り込み
①中表に合わせて縫う　持ち手（裏）　持ち手（表）
④表に返す　持ち手（表）
⑤同じものを2枚作る
外本体（表）　0.5　持ち手（表）　0.5　⑥仮留めする

3 本体の脇を縫う

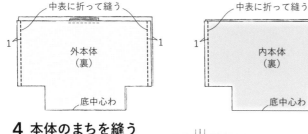

中表に折って縫う　外本体（裏）　1　1　底中心わ
中表に折って縫う　内本体（裏）　4　返し口を5縫い残す　1　底中心わ

4 本体のまちを縫う

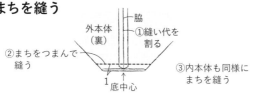

脇　①縫い代を割る
外本体（裏）
②まちをつまんで縫う
1　底中心
③内本体も同様にまちを縫う

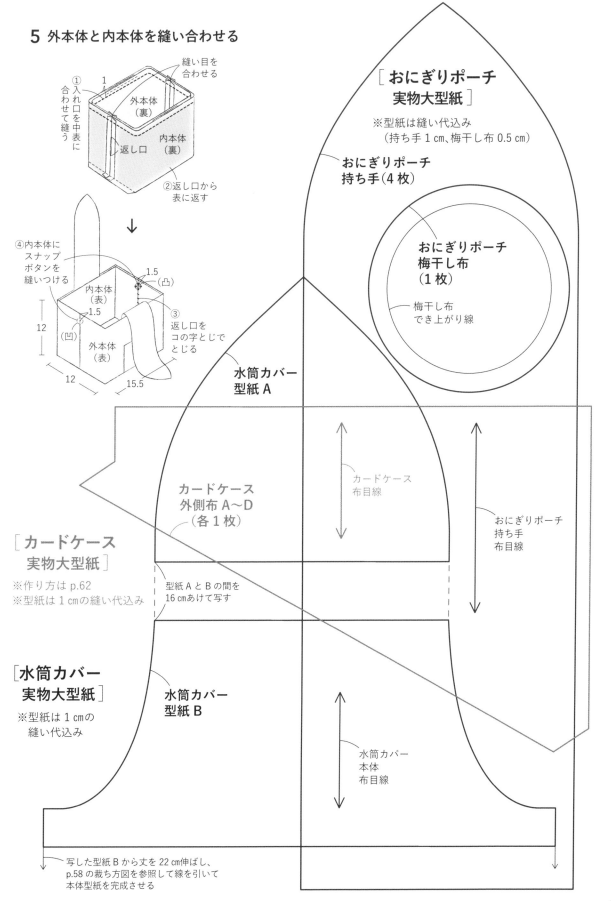

5 外本体と内本体を縫い合わせる

①入れ口を中表に合わせて縫う

縫い目を合わせる

1

外本体（裏）

内本体（裏）

返し口

②返し口から表に返す

④内本体にスナップボタンを縫いつける

1.5（凸）

内本体（表）

1.5（凹）

外本体（表）

③返し口をコの字とじでとじる

12

12　15.5

［おにぎりポーチ 実物大型紙］

※型紙は縫い代込み
（持ち手1cm、梅干し布0.5cm）

おにぎりポーチ
持ち手（4枚）

おにぎりポーチ
梅干し布
（1枚）

梅干し布
でき上がり線

水筒カバー
型紙A

カードケース
布目線

おにぎりポーチ
持ち手
布目線

カードケース
外側布A〜D
（各1枚）

［カードケース
　実物大型紙］

※作り方はp.62
※型紙は1cmの縫い代込み

型紙AとBの間を
16cmあけて写す

［水筒カバー
　実物大型紙］

※型紙は1cmの
　縫い代込み

水筒カバー
型紙B

水筒カバー
本体
布目線

写した型紙Bから丈を22cm伸ばし、
p.58の裁ち方図を参照して線を引いて
本体型紙を完成させる

水筒カバー　口絵 p.16

[でき上がり寸法] 図参照
[材料]
○ 表布(リネンチェック)…30cm幅×55cm
○ 裏布(リネン無地)…30cm幅×55cm

[裁ち方図]　※実物大型紙 A・B は p.57

型紙AとBの間を16cmあけて写し、
型紙Bの丈を伸ばし、まちの線を引いて
本体型紙を完成させる

写した型紙A

28.5

16あける

写した型紙B

1

23

22伸ばす

3　3

3

まち　まち

14

→

※表布・裏布とも
本体を2枚ずつ裁つ

55

本体　本体

30幅

[作り方]　※指定以外はなみ縫いで縫う

1 表布と裏布を縫い合わせる

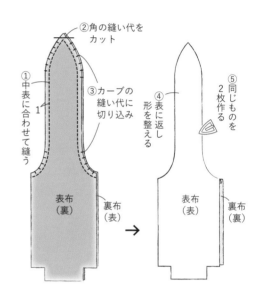

②角の縫い代をカット

①中表に合わせて縫う

③カーブの縫い代に切り込み

④表に返して形を整える

⑤同じものを2枚作る

表布(裏)　裏布(表)

→

表布(表)　裏布(裏)

2 表布と裏布の脇、底、まちをそれぞれ縫う

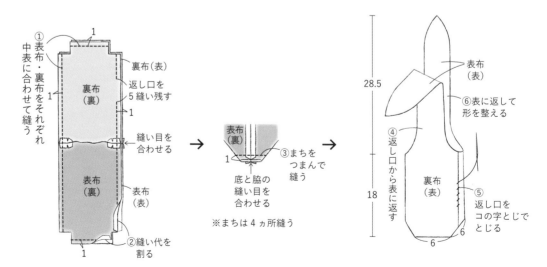

①表布・裏布をそれぞれ中表に合わせて縫う

1

1

1

裏布(表)

裏布(裏)

返し口を5縫い残す

縫い目を合わせる

表布(裏)

表布(表)

②縫い代を割る

1

→

表布(裏)

1

底と脇の縫い目を合わせる

③まちをつまんで縫う

※まちは4ヵ所縫う

→

28.5

表布(表)

⑥表に返して形を整える

④返し口から表に返す

⑤

裏布(表)

18

⑤返し口をコの字とじでとじる

6　6

58

お弁当セット　口絵 p.**17**

[でき上がり寸法] 図参照

[**ランチョンマットの材料**]
○ A布（天日干しコットン40番手ダウンプルーフ）…36cm幅×16cm
○ B布（リネン60番手ポルカドットプリント）…36cm幅×11cm
○ C布（ダンガリー）…36cm幅×25cm

[**箸袋の材料**]
○ A布（天日干しコットン40番手ダウンプルーフ）…33cm幅×33cm
○ B布（リネン60番手ポルカドットプリント）…33cm幅×33cm
○ ワックスコード…太さ0.4cm×42cm

[**巾着袋の材料**]
○ A布（天日干しコットン40番手ダウンプルーフ）…60cm幅×20cm
○ B布（リネン60番手ポルカドットプリント）…28cm幅×20cm
○ C布（ダンガリー）…28cm幅×48cm
○ ワックスコード…太さ0.4cm×134cm

※セットで作る場合の布の用尺は
A布…75cm幅×35cm
B布…60cm幅×35cm
C布…65cm幅×50cm

［セットの裁ち方図］

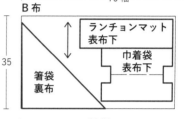

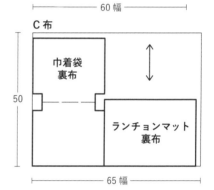

［ランチョンマットの製図］

※製図は縫い代込み
　縫い代寸法はすべて1cm

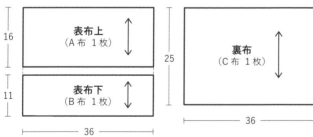

［ランチョンマットの作り方］ ※指定以外はなみ縫いで縫う

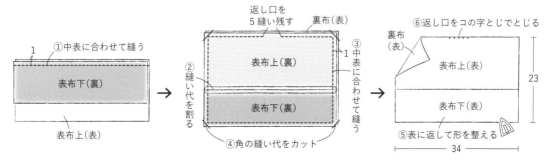

59

［箸袋の製図］

※製図は縫い代込み
※縫い代寸法はすべて1cm

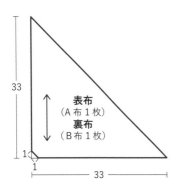

表布
（A布 1枚）
裏布
（B布 1枚）

33
33
1
1

［箸袋の作り方］ ※指定以外はなみ縫いで縫う

1 表布にワックスコードを仮留めする

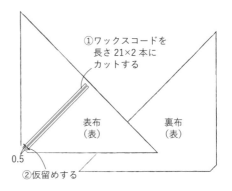

①ワックスコードを
長さ21×2本に
カットする

表布
（表）

裏布
（表）

0.5

②仮留めする

2 表布と裏布を縫い合わせる

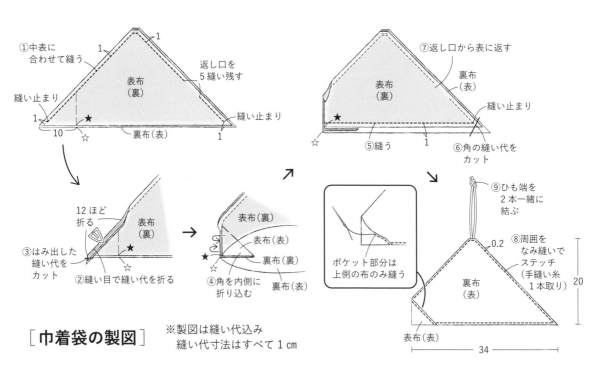

①中表に
合わせて縫う

1
1

表布
（裏）

返し口を
5縫い残す

縫い止まり
1

10
☆

★

裏布（表）

縫い止まり
1

⑦返し口から表に返す

表布
（裏）

裏布
（表）

縫い止まり

☆
⑤縫う
1

⑥角の縫い代を
カット

12ほど
折る

表布
（裏）

③はみ出した
縫い代を
カット

★

②縫い目で縫い代を折る
☆

表布（裏）
表布（表）
★
☆
④角を内側に
折り込む

裏布（裏）
裏布（表）

ポケット部分は
上側の布のみ縫う

⑨ひも端を
2本一緒に
結ぶ

0.2

裏布
（表）

表布（表）

34

⑧周囲を
なみ縫いで
ステッチ
（手縫い糸
1本取り）

20

［巾着袋の製図］

※製図は縫い代込み
縫い代寸法はすべて1cm

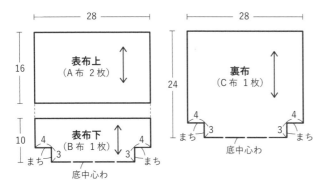

28

表布上
（A布 2枚）

16

表布下
（B布 1枚）

10

4
まち
3
底中心わ

28

裏布
（C布 1枚）

24

4
まち
3
4
まち
底中心わ
3

［巾着袋の作り方］ ※指定以外はなみ縫いで縫う

1 表布を縫う

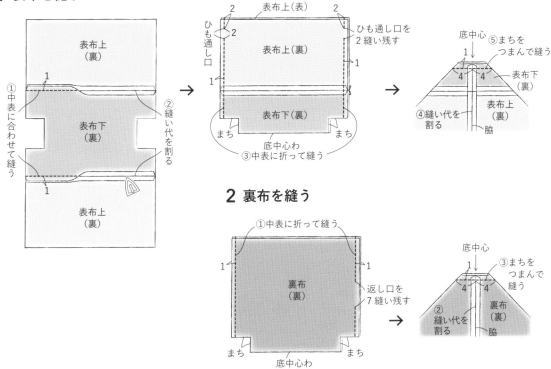

表布上（裏）

① 中表に合わせて縫う
② 縫い代を割る
表布下（裏）
表布上（裏）

2　2　表布上（表）　2
ひも通し口　2　ひも通し口を2縫い残す
表布上（裏）
1　1
表布下（裏）
まち　まち
底中心わ
③中表に折って縫う

底中心
1　⑤まちをつまんで縫う
4　4　表布下（裏）
④縫い代を割る
表布上（裏）
脇

2 裏布を縫う

①中表に折って縫う
1　1
裏布（裏）
返し口を7縫い残す
まち　まち
底中心わ

底中心
1　③まちをつまんで縫う
4　4
②縫い代を割る
裏布（裏）
脇

3 表布と裏布を縫い合わせる

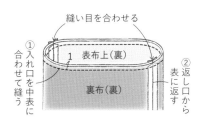

縫い目を合わせる
① 入れ口を中表に合わせて縫う
表布上（裏）
1
裏布（裏）
② 返し口から表に返す

4 袋口を縫う

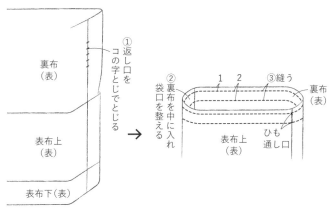

裏布（表）
① 返し口をコの字とじでとじる
表布上（表）
表布下（表）

② 裏布を中に入れ袋口を整える
1　2　③縫う
裏布（表）
表布上（表）
ひも通し口
表布下（表）

5 ひもを通す

ひもの通し方

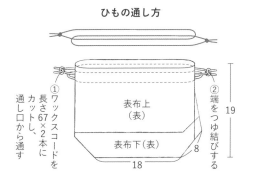

① ワックスコードを長さ67×2本にカットし、通し口から通す
表布上（表）
表布下（表）
② 端をつゆ結びする
19
18　8

［つゆ結びの結び方］

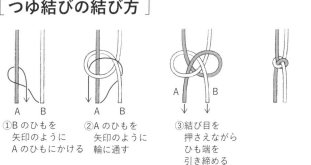

A　B
①Bのひもを矢印のようにAのひもにかける

A　B
②Aのひもを矢印のように輪に通す

A　B
③結び目を押さえながらひも端を引き締める

カードケース　口絵 p.19

[でき上がり寸法] 図参照
[材料]
○ 外側布A〜D…各15cm幅×10cm
○ 内側布…13cm幅×16cm
○ ポケット布…13cm幅×15cm
○ 接着芯…30cm幅×20cm
※外側布A〜D、内側布、ポケット布はリネンやコットンなどパーツごとに布地や色を変えて組み合わせる。

[製図] ※製図は縫い代込み
　　　　○数字は縫い代寸法

[作り方] ※外側布の実物大型紙は p.57
　　　　　※指定以外はなみ縫いで縫う

1 実物大型紙を使い、外側布A〜Dを裁つ

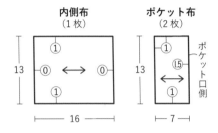

内側布（1枚）　ポケット布（2枚）

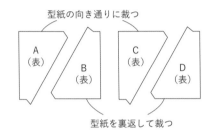

型紙の向き通りに裁つ
型紙を裏返して裁つ

2 外側布A〜Dを縫い合わせる

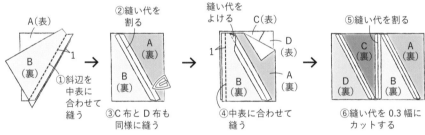

3 外側布、内側布に接着芯を貼る

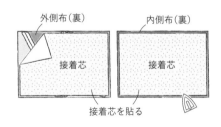

外側布（裏）　内側布（裏）
接着芯
接着芯を貼る

4 ポケット布と外側布を縫う

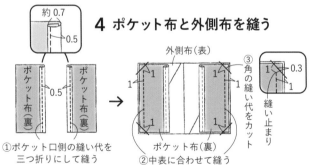

約0.7　0.5
ポケット布（裏）　ポケット布（裏）　0.5
①ポケット口側の縫い代を三つ折りにして縫う

外側布（表）
③角の縫い代をカット
縫い止まり
ポケット布（裏）
②中表に合わせて縫う

5 外側布と内側布を縫い合わせる

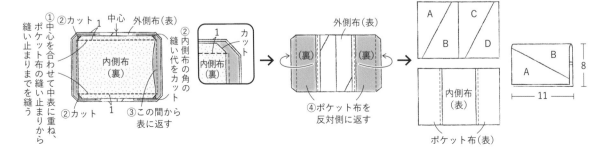

がま口ポーチ 口絵 p.19

[でき上がり寸法] 高さ約9×幅約10cm
[材料]（1個分）
○ 表布…30cm幅×15cm
○ 裏布…30cm幅×15cm
○ 接着キルト芯…22cm幅×10cm
○ 口金丸型（差し込み式／紙ひも付）…8.5cm幅×6cm　1個
○ 手芸用ボンド
※適した布地：表布…薄手〜中厚地のコットン、リネンなど。
　裏布は薄手〜普通地のコットン、リネンなど。

[裁ち方図]

※実物大型紙は p.65
※型紙を使って表布・裏布とも本体を
　2枚ずつ裁つ

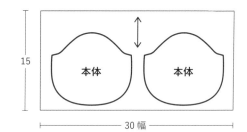

15
30 幅
本体　本体

[作り方]　※指定以外はなみ縫いで縫う

1 表布を縫う

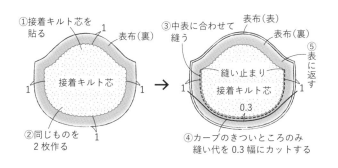

①接着キルト芯を貼る
表布（裏）
接着キルト芯
②同じものを2枚作る
③中表に合わせて縫う
表布（表）
表布（裏）
縫い止まり
接着キルト芯
0.3
⑤表に返す
④カーブのきついところのみ縫い代を0.3幅にカットする

2 裏布を縫う

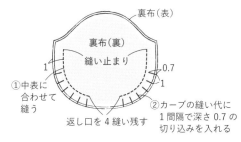

裏布（表）
裏布（裏）
縫い止まり
①中表に合わせて縫う
0.7
返し口を4縫い残す
②カーブの縫い代に1間隔で深さ0.7の切り込みを入れる

3 表布と裏布を縫い合わせる

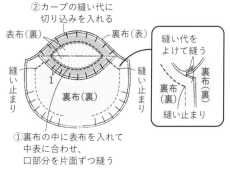

②カーブの縫い代に切り込みを入れる
表布（裏）
裏布（表）
縫い代をよけて縫う
裏布（裏）
縫い止まり
縫い止まり
裏布（裏）
①裏布の中に表布を入れて中表に合わせ、口部分を片面ずつ縫う
表布（表）
裏布（表）
③返し口から表に返す
④返し口をコの字とじでとじる

4 口部分に紙ひもを縫いつける

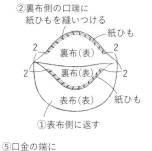

②裏布側の口端に紙ひもを縫いつける
紙ひも
2　裏布（表）　2
2　裏布（表）　2
2　表布（表）　2
紙ひも
①表布側に返す

5 口金をつける

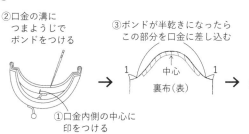

②口金の溝につまようじでボンドをつける
①口金内側の中心に印をつける
③ボンドが半乾きになったらこの部分を口金に差し込む
1　中心　1
裏布（表）
④中心を合わせ、口金の溝に口部分を差し込む
裏布
裏布

⑤口金の端に当て布をしてペンチで締める
当て布
口金の端4ヵ所を締める
約9
約10

ばね口金のポーチ　口絵 p.20

[でき上がり寸法] 図参照
[材料]
○ 外本体布
　大／A…9cm幅×23cm、B…9cm幅×15cm、C…9cm幅×10cm、D…10cm幅×16cm、E…8cm幅×16cm、F…15cm幅×10cm
　小／A…9cm幅×14cm、B…9cm幅×7cm、C…9cm幅×9cm、D…9cm幅×9cm、E…8cm幅×9cm、F…15cm幅×8cm
○ 内本体布（薄手〜普通地のコットンなど）…**大**／30cm幅×25cm　**小**／30cm幅×15cm
○ 口布（普通〜中厚地のコットンなど）…15cm幅×15cm
○ 接着芯…**大**／30cm幅×30cm　**小**／30cm幅×20cm
○ ばね口金…口金幅1cm×長さ10cm　1個
※外本体布A〜Fは普通〜中厚地のコットン、リネンなどパーツごとに布地を変えて組み合わせる。

[**作り方**]　※実物大型紙は p.65
　　　　　　　※作り方は大・小共通。イラストは大で解説
　　　　　　　※指定以外はなみ縫いで縫う

1 実物大型紙を使い、各パーツを裁つ

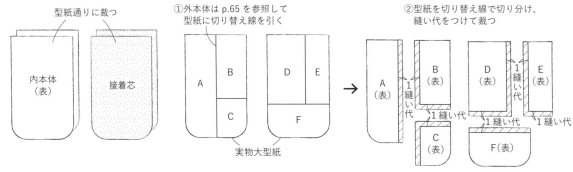

型紙通りに裁つ

①外本体は p.65 を参照して型紙に切り替え線を引く

②型紙を切り替え線で切り分け、縫い代をつけて裁つ

実物大型紙

2 口布を裁つ

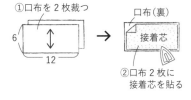

①口布を2枚裁つ
②口布2枚に接着芯を貼る

3 外本体を縫い合わせる

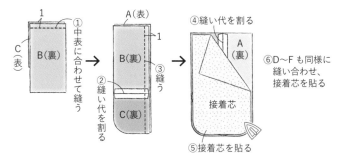

①中表に合わせて縫う
②縫い代を割る
③縫う
④縫い代を割る
⑤接着芯を貼る
⑥D〜Fも同様に縫い合わせ、接着芯を貼る

4 口布を仮留めする

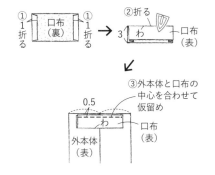

①折る
②折る
③外本体と口布の中心を合わせて仮留め

5 外本体、内本体をそれぞれ縫う

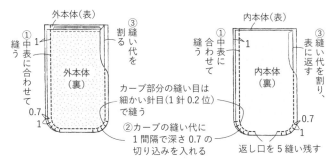

①中表に合わせて縫う
②縫い代を割る
③縫い代を割る

カーブ部分の縫い目は細かい針目（1針0.2位）で縫う
②カーブの縫い代に1間隔で深さ0.7の切り込みを入れる

①中表に合わせて縫う
③縫い代を割り、表に返す
返し口を5縫い残す

6 外本体と内本体を縫い合わせる

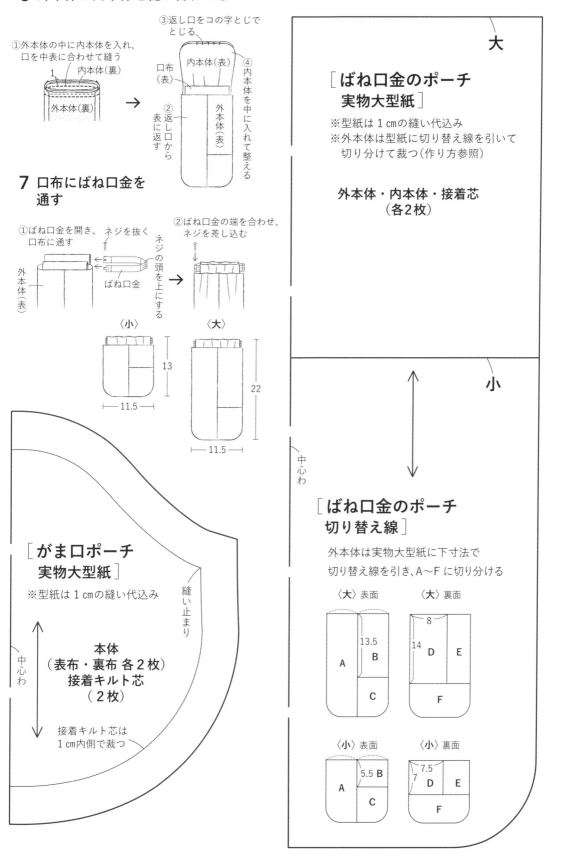

①外本体の中に内本体を入れ、口を中表に合わせて縫う

内本体（裏）
内本体（表）
外本体（裏）
1

③返し口をコの字とじでとじる

口布（表）
内本体（表）
④内本体を中に入れて整える
②返し口から表に返す
外本体（表）

7 口布にばね口金を通す

①ばね口金を開き、ネジを抜く口布に通す

外本体（表）
ネジを抜く
ネジの頭を上にする
ばね口金

②ばね口金の端を合わせ、ネジを差し込む

〈小〉 13 ⊢ 11.5 ⊣
〈大〉 22 ⊢ 11.5 ⊣

［ばね口金のポーチ 実物大型紙］

※型紙は1cmの縫い代込み
※外本体は型紙に切り替え線を引いて切り分けて裁つ（作り方参照）

外本体・内本体・接着芯（各2枚）

大
小
中心わ

［ばね口金のポーチ 切り替え線］

外本体は実物大型紙に下寸法で切り替え線を引き、A〜F に切り分ける

〈大〉表面
13.5
A B C

〈大〉裏面
8
14
D E
F

〈小〉表面
5.5 B
A
C

〈小〉裏面
7.5
7
D E
F

［がま口ポーチ 実物大型紙］

※型紙は1cmの縫い代込み

縫い止まり
中心わ

本体（表布・裏布 各2枚）接着キルト芯（2枚）

接着キルト芯は1cm内側で裁つ

ファスナーポーチ　口絵 p.**22**

[でき上がり寸法] 図参照

[材料]
- ○ 表布…**1**・**3**／A・B布 各22cm幅×17cm、**2**／22cm幅×32cm
- ○ 裏布…22cm幅×32cm
- ○ タブ布…**1**／2種 6cm×6cmを各1枚、**2**／ストライプ柄 6cm×6cmを2枚、**3**／2種 5cm×5cmを各1枚
- ○ 接着芯……**1**・**2**／22cm幅×32cm、**3**／27cm幅×32cm
- ○ ファスナー…開口部の長さ20cm×1本
- ○ 縁どり用バイアステープ（両折り1.8cm）…**1**／30cm、**2**／25cm、**3**／40cm
- ○ コード…太さ0.4cm×145cm（**3**のみ）

※布はコットン、リネンなど。パーツごとに布地を変えて組み合わせる。

[**製図**]　※製図は縫い代込み
　　　　　　〇数字は縫い代寸法

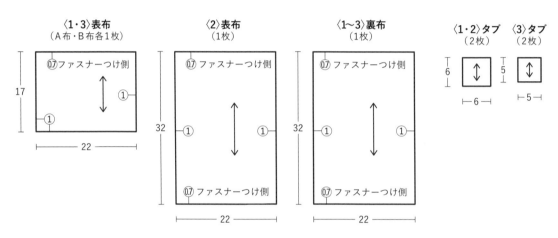

[**作り方**]　※ポーチは表布の切り替えの有無、タブの形、まちのたたみ方が違うだけで作り方は共通
　　　　　　※指定以外はなみ縫いで縫う

1 表布を縫い合わせ（**1**・**3**のみ）、接着芯を貼る

2 表布と裏布の間に ファスナーをはさんで縫う

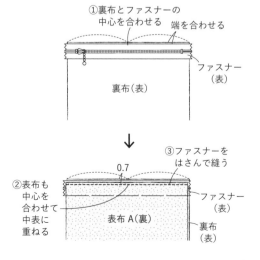

2 の続き

④反対側も同様にファスナーをはさんで縫う

0.7
裏布（表）
ファスナー（表）
表布A（表）
表布B（裏）
裏布（裏）

↓

⑤表に返す
表布A（表）
1.5
裏布（表）
表布B（表）

3 タブを作り、仮留めする

〈1・2〉
タブ（裏）
6 / 6
①外表に折る
→ （表）わ ②折る
→ （表）わ ③2個作る
→ 0.5 表布（表）0.5 わ わ ④仮留めする

〈3〉
タブ（裏）5 / 5
①接着芯を貼る
→ 2.5 ②中心に向かって折る
→ ③半分に折る わ 2.5 ④2個作る
→ 0.5 表布（表）0.5 わ わ ⑤仮留めする

4 まちをたたんで縫う

〈1〉
①裏布側に返し、ファスナーを中心にして印をつける
表布A（表）中心 表布B（表）
2 2 2 2
★ ★
裏布（表）

↓

中心
2 ★ 1 ★ 2
2 2
②印の位置で折りたたんで縫う
裏布（表）
片側を縫ったらスライダーを下げて返し口をあけておく
1

〈2〉
①裏布側に返し、ファスナーを中心にして印をつける
中心
★ ★
裏布（表）

↓

★ 中心 ★
1
②印の位置で折りたたんで縫う
裏布（表）
片側を縫ったらスライダーを下げて返し口をあけておく
1

〈3〉
※3はまちなし
表布A（表）1 表布B（表）
3.5
片側を縫ったらスライダーを下げて返し口をあけておく
裏布（表）
①裏布側に返し、ファスナーを図の位置に合わせて縫う
1

5 縫い代をバイアステープでくるむ

両折りバイアステープ 1.8
→ ①片側の折り目をひらいて、端を合わせる
1 0.9 1
バイアステープ（裏）
裏布（表）
②折り目の上を縫う

↓

③バイアステープを起こし、両端を折る
裏布（表）
→ ④バイアステープを折って縫い代をくるむ
バイアステープ（表）
⑤まつる
裏布（表）

6 表に返して形を整える

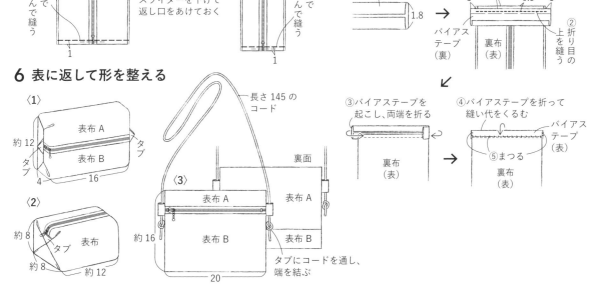

〈1〉
表布A
約12
タブ
タブ
4 16
表布B

〈2〉
約8 約8 約12
タブ 表布

長さ145のコード
裏面
〈3〉
表布A 表布A
表布B 表布B
約16
20
タブにコードを通し、端を結ぶ

しじみバッグ 口絵 p.**24**

[**でき上がり寸法**] 丈40×幅30cm
[**材料**]
○ 表布 1／A（リネン60番手ポルカドットプリント）…20cm幅×43cm、B（コットン）…15cm幅×19cm
C（リネン）…15cm幅×27cm、D（綿麻シーチング タテジワワッシャー 格子）…17cm幅×43cm
E（コットン）…19cm幅×25cm、F（リネン）…19cm幅×21cm
2／（綿麻シーチング タテジワワッシャー　細ストライプ）…70cm幅×45cm
○ 裏布（薄手～普通地のリネン、コットンなど）…70cm幅×45cm
※1の表布A～Fはパーツごとに布地を変えて組み合わせる。

[**裁ち方図**] ※実物大型紙A・Bは p.79

※1は裏布で本体を2枚裁つ
（表布の裁ち方は下図参照）
※2は表布・裏布とも本体を2枚ずつ裁つ

型紙AとBを12cmあけて写し、
型紙Bから持ち手部分を11cm伸ばして
本体型紙を完成させる

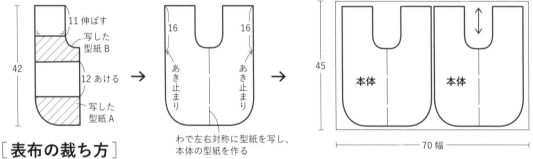

[**表布の裁ち方**]

①完成した型紙に切り替え線を引く　　　②切り替え線位置に1cmの縫い代をつけて裁つ

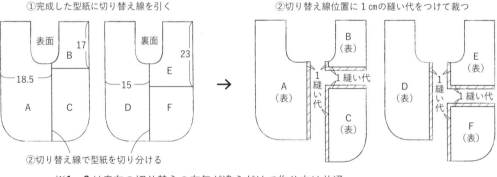

[**作り方**] ※1・2は表布の切り替えの有無が違うだけで作り方は共通
※指定以外はなみ縫いで縫う

1 表布を縫い合わせる（1のみ）

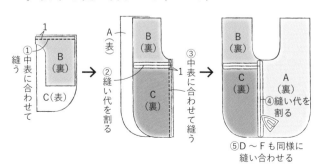

2 持ち手部分を縫う

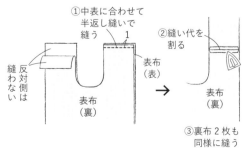

3 表布と裏布の持ち手部分を縫い合わせる

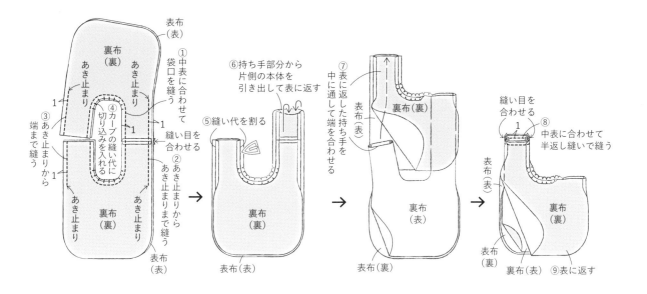

表布（表）
裏布（裏）
あき止まり
あき止まり
1
③あき止まりから端まで縫う
④カーブの縫い代に切り込みを入れる
①中表に合わせて袋口を縫う
1
縫い目を合わせる
あき止まり
あき止まり
裏布（裏）
表布（表）
1
②あき止まりからあき止まりまで縫う

⑥持ち手部分から片側の本体を引き出して表に返す
⑤縫い代を割る
縫い目を合わせる
裏布（裏）
表布（表）

⑦表に返した持ち手を中に通して端を合わせる
裏布（裏）
表布（表）
裏布（表）
表布（裏）

縫い目を合わせる
1
⑧中表に合わせて半返し縫いで縫う
表布（表）
表布（表）
裏布（裏）
表布（裏）
裏布（表）
⑨表に返す

4 表布と裏布の脇、底をそれぞれ縫う

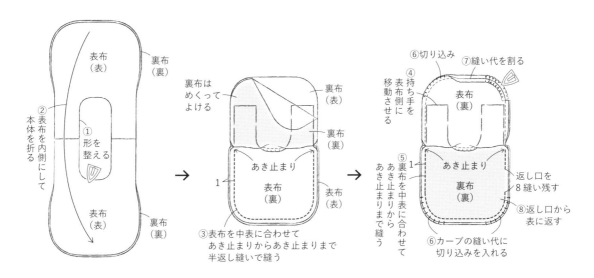

表布（表）
裏布（裏）
②表布を内側にして本体を折る
①形を整える
表布（表）
裏布（裏）

裏布はめくってよける
裏布（裏）
裏布（裏）
あき止まり
1
表布（裏）
表布（表）
③表布を中表に合わせてあき止まりからあき止まりまで半返し縫いで縫う

⑥切り込み
⑦縫い代を割る
④持ち手を表布側に移動させる
表布（裏）
⑤裏布を中表に合わせてあき止まりからあき止まりまで縫う
あき止まり
1
裏布（裏）
返し口を8縫い残す
⑧返し口から表に返す
⑥カーブの縫い代に切り込みを入れる

5 返し口をとじる

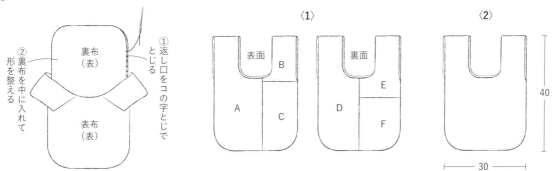

②裏布を中に入れて形を整える
裏布（表）
①返し口をコの字とじでとじる
表布（表）

〈1〉
表面
B
A
C
裏面
E
D
F

〈2〉
40
30

ドロストショルダーバッグ 口絵 p.26

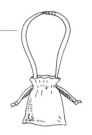

[でき上がり寸法] 図参照
[材料]
○ リネン、コットンなど…50㎝幅×120㎝

[製図]　※製図は縫い代込み
　　　　　　○数字は縫い代寸法

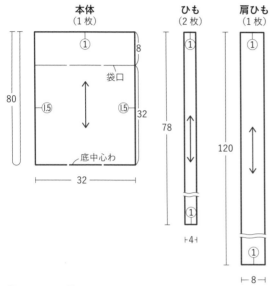

本体
（1枚）
①
8
袋口
80
⑮
⑮
32
底中心わ
32

ひも
（2枚）
①
78
①
├4┤

肩ひも
（1枚）
①
120
①
├8┤

[裁ち方図]

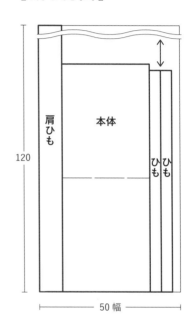

肩ひも
本体
120
ひも
ひも
├── 50幅 ──┤

[作り方]　※指定以外はなみ縫いで縫う

1 本体脇の布端始末をする

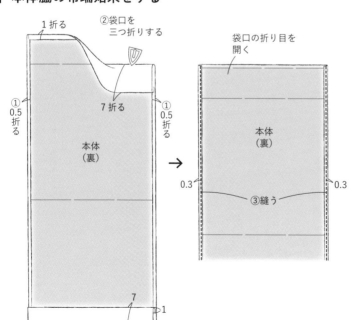

1折る
②袋口を
三つ折りする
7折る
①
0.5
折る
①
0.5
折る
本体
（裏）
7
1

→

袋口の折り目を
開く
本体
（裏）
0.3
0.3
③縫う

2 本体脇を縫う

8　　　8
3　　　3
3.5 ひも通し口を
縫い残す
3.5
1
1
中表に折って
半返し縫いで縫い、
縫い代を割る
底中心わ

3 肩ひも、ひもを作る

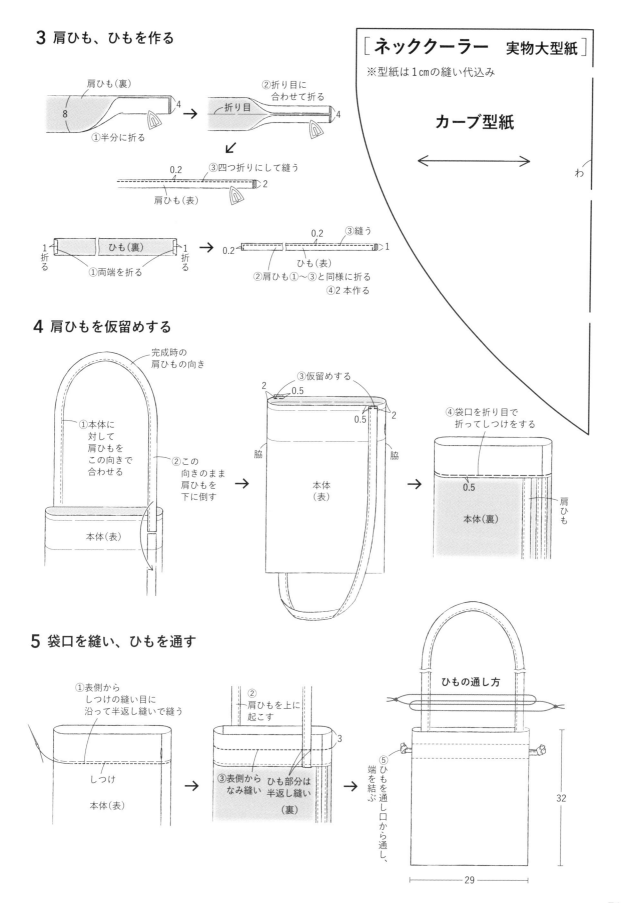

肩ひも（裏）
8
①半分に折る
②折り目に合わせて折る
折り目
4
③四つ折りにして縫う
0.2
肩ひも（表）
2

1折る
ひも（裏）
1折る
①両端を折る
0.2
②肩ひも①〜③と同様に折る
④2本作る
③縫う
0.2
ひも（表）
1

［ネッククーラー　実物大型紙］
※型紙は1cmの縫い代込み

カーブ型紙

わ

4 肩ひもを仮留めする

完成時の肩ひもの向き
①本体に対して肩ひもをこの向きで合わせる
②この向きのまま肩ひもを下に倒す
本体（表）

2
0.5
③仮留めする
脇
本体（表）
2
0.5
脇

④袋口を折り目で折ってしつけをする
0.5
本体（裏）
肩ひも

5 袋口を縫い、ひもを通す

①表側からしつけの縫い目に沿って半返し縫いで縫う
しつけ
本体（表）

②肩ひもを上に起こす
③表側からなみ縫い
ひも部分は半返し縫い
（裏）
3

ひもの通し方
⑤ひもを通し口から通し、端を結ぶ
32
29

71

ネッククーラー　口絵 p.18

[でき上がり寸法] 幅11×長さ約98cm

[材料]
○ 外布 (綿ブロードプリント)…105cm幅×30cm
○ 内布 (綿ブロード)…25cm幅×15cm

[裁ち方図]

※外布のカーブの実物大型紙は p.71
※外布、内布とも布に線を引いて裁つ

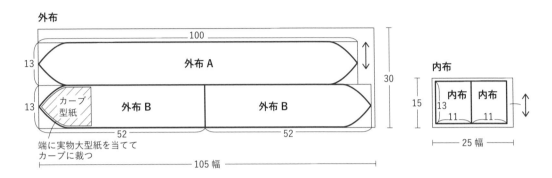

[作り方]　※指定以外はなみ縫いで縫う

1 外布Bに内布を縫いつける

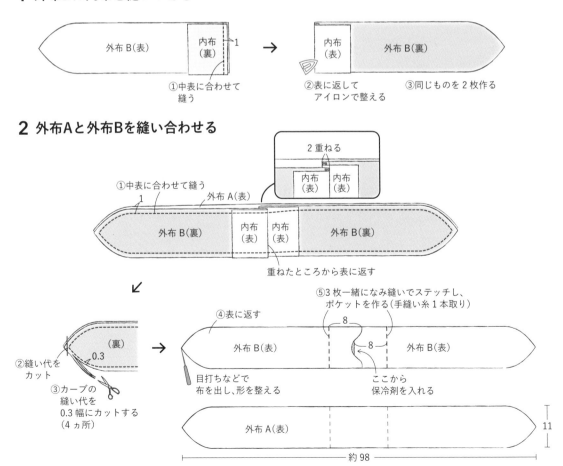

2 外布Aと外布Bを縫い合わせる

72

スヌード　口絵 p.27

[でき上がり寸法] 図参照

[春〜秋用の材料]
○布（バンブーリネン）
　キッズ…62cm幅×40cm
　M…66cm幅×44cm
　L…72cm幅×48cm

[冬用の材料]
○A・B布（メルトンフリース）
　キッズ…62cm幅×20cmを各1枚
　M…66cm幅×22cmを各1枚
　L…72cm幅×24cmを各1枚

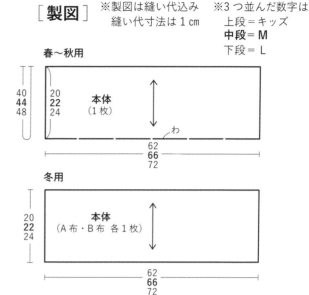

[製図]　※製図は縫い代込み
縫い代寸法は1cm

※3つ並んだ数字は
上段＝キッズ
中段＝M
下段＝L

春〜秋用

本体（1枚）
40 / 44 / 48
20 / 22 / 24
62 / 66 / 72
わ

冬用

本体（A布・B布 各1枚）
20 / 22 / 24
62 / 66 / 72

[作り方]　※指定以外はなみ縫いで縫う

1　本体を縫い、筒状にする

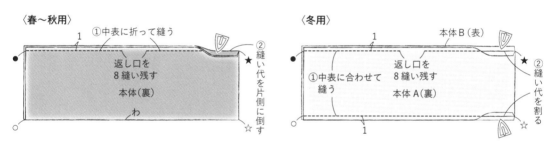

〈春〜秋用〉
①中表に折って縫う
②縫い代を片側に倒す
返し口を8縫い残す
本体（裏）
わ

〈冬用〉
本体B（表）
①中表に合わせて縫う
②縫い代を割る
返し口を8縫い残す
本体A（裏）

2　筒状の端を縫い合わせ、輪にする

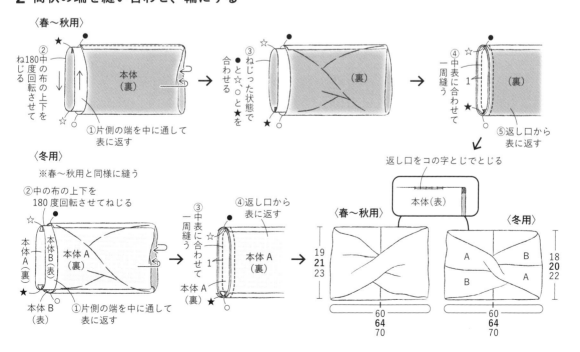

〈春〜秋用〉
②中の布の上下を180度回転させてねじる
①片側の端を中に通して表に返す
本体（裏）
③ねじった状態で●と☆、○と★を合わせる
（裏）
④中表に合わせて一周縫う
（裏）
⑤返し口から表に返す

〈冬用〉
※春〜秋用と同様に縫う
②中の布の上下を180度回転させてねじる
本体A（裏）本体B（表）本体A（裏）
①片側の端を中に通して表に返す
本体B（表）
③中表に合わせて一周縫う
本体A（裏）
④返し口から表に返す
本体A（裏）

返し口をコの字とじでとじる
本体（表）

〈春〜秋用〉
19 / 21 / 23
60 / 64 / 70

〈冬用〉
A　B
B　A
18 / 20 / 22
60 / 64 / 70

バゲットハット　口絵 p.**28**

[でき上がり寸法] 頭まわり 60〜61cm
[材料]
○ 表布（綿麻地）…100cm幅 × 30cm
○ 裏布（リネン、コットン、綿麻地など）…100cm幅 × 30cm
○ 接着芯…100cm幅 × 30cm

［裁ち方図］ ※実物大型紙は p.79

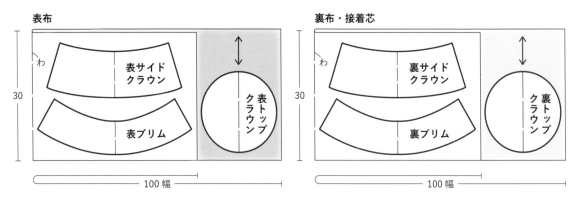

［作り方］ ※指定以外はなみ縫いで縫う

1 裏布のパーツに接着芯を貼る

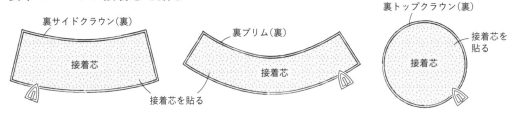

裏サイドクラウン（裏）
接着芯

裏ブリム（裏）
接着芯
接着芯を貼る

裏トップクラウン（裏）
接着芯
接着芯を貼る

2 サイドクラウンとブリムの脇を縫う

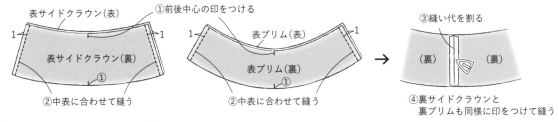

表サイドクラウン（表）　①前後中心の印をつける
表サイドクラウン（裏）
②中表に合わせて縫う

表ブリム（表）
表ブリム（裏）
②中表に合わせて縫う

③縫い代を割る
（裏）　（裏）
④裏サイドクラウンと
裏ブリムも同様に印をつけて縫う

3 サイドクラウンとトップクラウンを縫い合わせる

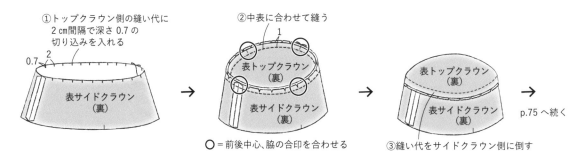

①トップクラウン側の縫い代に
2cm間隔で深さ0.7の
切り込みを入れる
0.7　2
表サイドクラウン
（裏）

②中表に合わせて縫う
表トップクラウン
（裏）
表サイドクラウン
（裏）
○＝前後中心、脇の合印を合わせる

表トップクラウン
（裏）
表サイドクラウン
（裏）
③縫い代をサイドクラウン側に倒す

p.75 へ続く

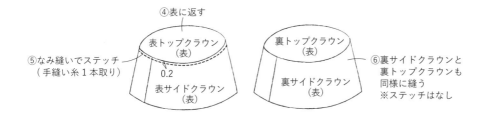

④表に返す

⑤なみ縫いでステッチ
（手縫い糸1本取り）

表トップクラウン
（表）

0.2

表サイドクラウン
（表）

裏トップクラウン
（表）

裏サイドクラウン
（表）

⑥裏サイドクラウンと
裏トップクラウンも
同様に縫う
※ステッチはなし

4 表サイドクラウンに表ブリムをつける

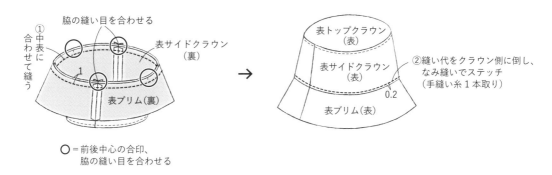

脇の縫い目を合わせる

①中表に合わせて縫う

表サイドクラウン
（裏）

1

表ブリム（裏）

○＝前後中心の合印、
脇の縫い目を合わせる

表トップクラウン
（表）

表サイドクラウン
（表）

②縫い代をクラウン側に倒し、
なみ縫いでステッチ
（手縫い糸1本取り）

0.2

表ブリム（表）

5 裏サイドクラウンに裏ブリムをつける

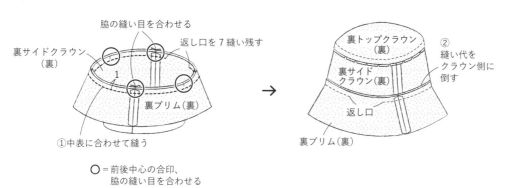

脇の縫い目を合わせる

裏サイドクラウン
（裏）

返し口を7縫い残す

1

裏ブリム（裏）

①中表に合わせて縫う

○＝前後中心の合印、
脇の縫い目を合わせる

裏トップクラウン
（裏）

②
縫い代を
クラウン側に
倒す

裏サイド
クラウン（裏）

返し口

裏ブリム（裏）

6 表ブリムと裏ブリムを縫い合わせる

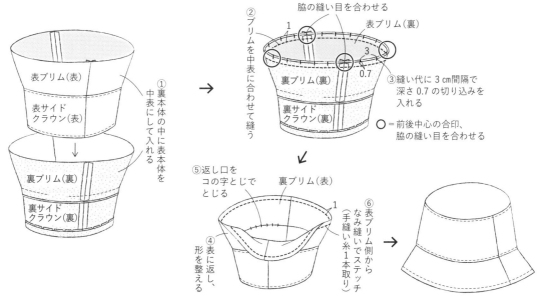

表ブリム（表）

表サイド
クラウン（表）

裏ブリム（裏）

裏サイド
クラウン（裏）

①裏本体の中に表本体を
中表にして入れる

②
ブリムを中表に合わせて縫う

脇の縫い目を合わせる

1

表ブリム（裏）

3

0.7

裏ブリム（裏）

裏サイド
クラウン（裏）

③縫い代に3cm間隔で
深さ0.7の切り込みを
入れる

○＝前後中心の合印、
脇の縫い目を合わせる

⑤返し口を
コの字とじで
とじる

裏ブリム（表）

1

④表に返し、形を整える

⑥表ブリム側から
なみ縫いでステッチ
（手縫い糸1本取り）

75

ベスト　<small>口絵 p.28</small>

[でき上がり寸法] 着丈49×身幅約110cm
[材料]
○ 表布（天日干しリネン40番手ツイル）…110cm幅×120cm
○ 裏布（リネン）…110cm幅×120cm
○ ボタン…直径2cm×2個

[製図]
※製図は縫い代込み
　身頃の縫い代寸法はすべて1cm
※製図を参照して線を引き、型紙を作る

[裁ち方図]
※作った型紙を使い、表布・裏布ともに裁つ

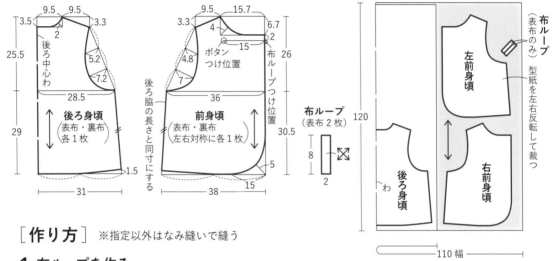

後ろ中心わ
後ろ身頃（表布・裏布各1枚）
前身頃（表布・裏布左右対称に各1枚）
ボタンつけ位置
布ループつけ位置
後ろ脇の長さと同寸にする
布ループ（表布2枚）
左前身頃
後ろ身頃
右前身頃
布ループ（表布のみ）型紙を左右反転して裁つ
わ

[作り方]　※指定以外はなみ縫いで縫う

1 布ループを作る

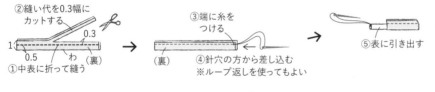

①中表に折って縫う
②縫い代を0.3幅にカットする
③端に糸をつける
④針穴の方から差し込む ※ループ返しを使ってもよい
⑤表に引き出す
⑥縫い目を内側にして折る
※余分な長さはカットし、縫い目がほどけないように縫いとめておく

2 肩を縫う

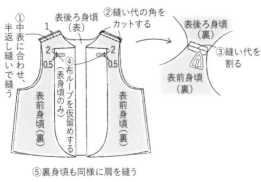

①中表に合わせ、半返し縫いで縫う
②縫い代の角をカットする
③縫い代を割る
④布ループを仮留めする（表身頃のみ）
表後ろ身頃（表）
表前身頃（裏）
⑤裏身頃も同様に肩を縫う

3 表身頃と裏身頃の衿ぐり～前裾、袖ぐりを縫い合わせる

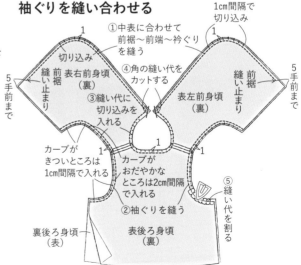

①中表に合わせて前裾～前端～衿ぐりを縫う
1cm間隔で切り込み
切り込み
前裾
表右前身頃（裏）
縫い止まり
5手前まで
④角の縫い代をカットする
③縫い代に切り込みを入れる
前裾
縫い止まり
5手前まで
カーブがきついところは1cm間隔で入れる
カーブがおだやかなところは2cm間隔で入れる
②袖ぐりを縫う
⑤縫い代を割る
裏後ろ身頃（表）
表後ろ身頃（裏）

<small>76</small>

4 身頃を表に返す

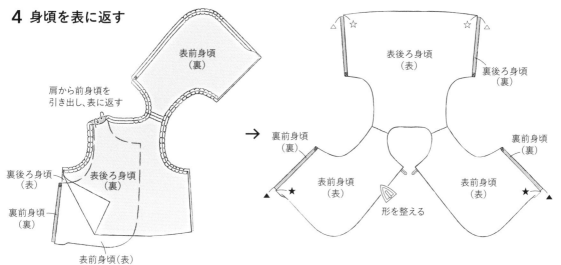

肩から前身頃を引き出し、表に返す

表前身頃（裏）

表後ろ身頃（裏）

裏後ろ身頃（表）

裏前身頃（裏）

表前身頃（表）

表後ろ身頃（表）

裏後ろ身頃（裏）

裏前身頃（裏）

表前身頃（表）

表前身頃（表）

裏前身頃（裏）

形を整える

5 表身頃と裏身頃の脇をそれぞれ縫う

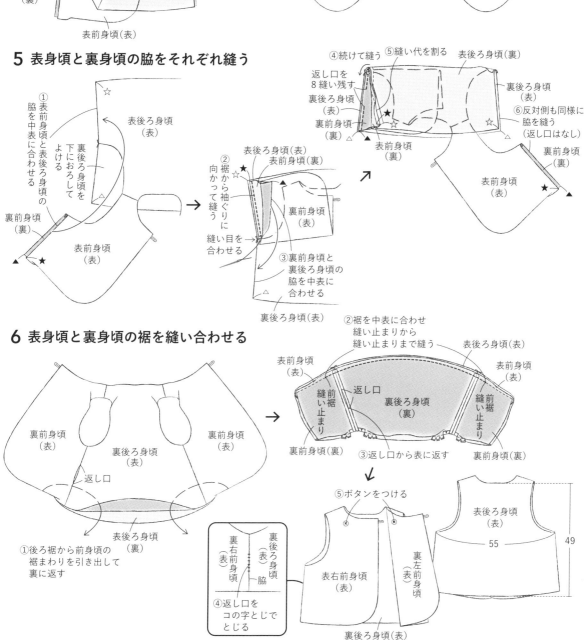

①表前身頃と表後ろ身頃の脇を中表に合わせる

表後ろ身頃（表）

裏後ろ身頃を下におろしてよける

裏前身頃（裏）

表前身頃（表）

②裾から袖ぐりに向かって縫う

表後ろ身頃（表）
表後ろ身頃（裏）

裏前身頃（表）

縫い目を合わせる

③裏前身頃と裏後ろ身頃の脇を中表に合わせる

裏後ろ身頃（表）

④続けて縫う ⑤縫い代を割る 表後ろ身頃（裏）

返し口を8縫い残す

裏後ろ身頃（裏）

裏後ろ身頃（裏）

裏前身頃（裏）

⑥反対側も同様に脇を縫う（返し口はなし）

表前身頃（裏）

裏前身頃（裏）

表前身頃（表）

6 表身頃と裏身頃の裾を縫い合わせる

裏前身頃（表）

裏後ろ身頃（表）

裏前身頃（表）

返し口

表後ろ身頃（裏）

①後ろ裾から前身頃の裾まわりを引き出して裏に返す

②裾を中表に合わせ縫い止まりから縫い止まりまで縫う

表後ろ身頃（表）

表前身頃（表）

表後ろ身頃（表）

縫い止まり

前裾

返し口

裏後ろ身頃（裏）

前裾

縫い止まり

裏前身頃（裏）

③返し口から表に返す

裏前身頃（裏）

⑤ボタンをつける

裏右前身頃（表）

裏後ろ身頃（表）

脇

④返し口をコの字とじでとじる

表右前身頃（表）

裏左前身頃（表）

裏後ろ身頃（表）

表後ろ身頃（表）

55

49

マーガレットボレロ 口絵 p.30

[でき上がり寸法] 図参照

[材料]
○ 本体　A・B布（バンブーリネン）…110cm幅×37.5cmを各1枚
○ 袖　C・D布（バンブーリネン）…45cm幅×30cmを各1枚
※A～D布はパーツごとに布地を変えて組み合わせる。

[製図]　※製図は縫い代込み　○数字は縫い代寸法

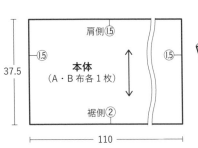

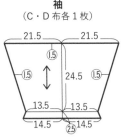

[作り方]　※指定以外はなみ縫いで縫う

1 本体の肩を縫い合わせる

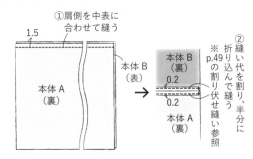

2 本体に袖をつける

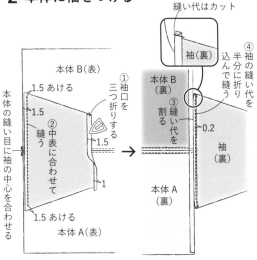

3 袖下を縫う

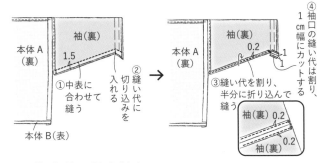

4 本体の脇を縫う

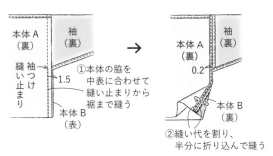

5 袖口、裾を縫う

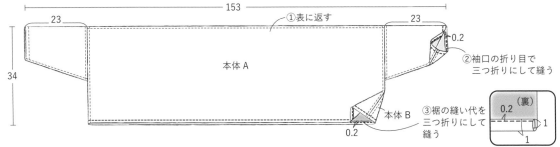

[しじみバッグ　実物大型紙]

※型紙は1cmの縫い代込み

※型紙AとBを12cmあけて写し、型紙Bから持ち手部分を
　11cm伸ばして本体型紙を完成させる(p.68の裁ち方図参照)

[バゲットハット　実物大型紙]

※型紙は1cmの縫い代込み(内側の細線はでき上がり線)

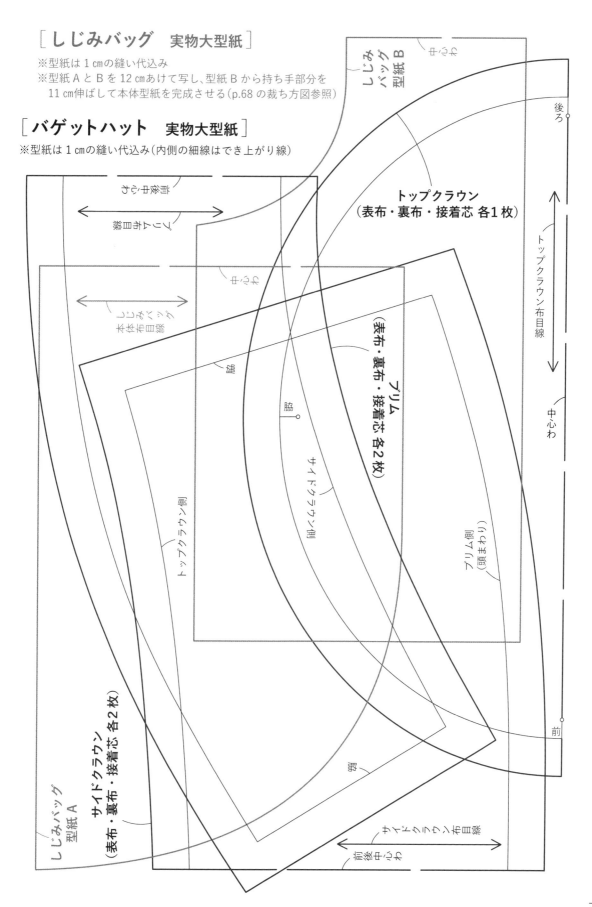

しじみバッグ
型紙B
くつみ型紙B

トップクラウン
(表布・裏布・接着芯 各1枚)

トップクラウン布目線

後ろ

中心わ

前

ブリム
(表布・裏布・接着芯 各2枚)

ブリム側(頭まわり)

サイドクラウン側

脇

トップクラウン側

前後ら中わ
こしみ布目線

くつみ半布材目線

脇

しじみバッグ
型紙A

サイドクラウン
(表布・裏布・接着芯 各2枚)

サイドクラウン布目線
前後ら中わ

美濃羽まゆみ（みのわ・まゆみ）

京都の町家に夫と長女、長男の4人と猫2匹と共に暮らす。長女のために洋服作りを始めたのがきっかけとなり、2008年からFU-KO basics.として作品を制作販売する。手づくり暮らし研究家としての活動も行い、「ものを作る、幸せのかたちを作る」をテーマに、手づくりのある暮らしを提案。『FU-KO basics.着るたびに、うれしい服』『FU-KO basics 心に残る、子ども服』『FU-KO basics.感じのいい、大人服』（すべて日本ヴォーグ社）など著書多数。本書はすべて手ぬいで作る作品を紹介した初めての本となる。

blog　https://fukohm.exblog.jp/
Instagram　@minowa_mayumi
YouTube　https://www.youtube.com/@FUKOHandmade
※YouTubeチャンネルでは、本書の作品の作り方動画をいくつか紹介しています。合わせてご覧ください。

デザイン	渡部浩美
撮影	新居明子
作り方解説	比護寛子
トレース	たまスタヂオ
校正	小堺久美子
作品イラスト	美濃羽まゆみ
編集	広谷綾子

撮影協力

cotoha
京都府京都市中京区西ノ京職司町67-38
075-802-9108
https://cotoha-plants.com/

Blowmist BOOM
京都府京都市中京区西ノ京職司町67-37
075-811-8787
https://www.boom2009.com/

手ぬいでちくちく、暮らしの布小物

2024年5月20日　第1刷発行
2024年9月5日　第3刷発行

著者	美濃羽まゆみ
発行者	木下春雄
発行所	一般社団法人 家の光協会

〒162-8448　東京都新宿区市谷船河原町11
電話　03-3266-9029（販売）
　　　03-3266-9028（編集）
振替　00150-1-4724

印刷・製本　株式会社東京印書館

布地・糸協力

生地の森
https://www.kijinomori.com/

クロバー
https://clover.co.jp/

タケミクロス
https://www.takemicloth.co.jp/

横田株式会社・DARUMA
https://daruma-ito.co.jp/

CHECK & STRIPE
https://checkandstripe.com

fabric bird
https://www.rakuten.ne.jp/gold/fabricbird/

フジックス
https://fjx.co.jp/

FURUHASHI
https://www.furuhashi-weaving.jp/

ペウラ生地店
https://peura2021.theshop.jp/